本书为2024年度教育部人文社会科学研究项目"教育数字化背景下人工智能赋能多重障碍学生的教学研究（项目编号：24YJCZH373）"的研究成果

师范生学习收获影响机理的实证研究

杨洁 著

武汉大学出版社
WUHAN UNIVERSITY PRESS

图书在版编目(CIP)数据

师范生学习收获影响机理的实证研究 / 杨洁著 . -- 武汉 ：
武汉大学出版社，2024.12. -- ISBN 978-7-307-24675-1

Ⅰ.G442

中国国家版本馆 CIP 数据核字第 20244X1F17 号

责任编辑:郭　静　　　责任校对:鄢春梅　　　版式设计:马　佳

出版发行：**武汉大学出版社**　（430072　武昌　珞珈山）
　　　　　（电子邮箱：cbs22@whu.edu.cn　网址：www.wdp.com.cn）
印刷:武汉邮科印务有限公司
开本:720×1000　1/16　印张:12.5　字数:177 千字　插页:1
版次:2024 年 12 月第 1 版　　2024 年 12 月第 1 次印刷
ISBN 978-7-307-24675-1　　定价:69.00 元

目　　录

第一章 导　论

第一节　研 究 缘 起

　　国家繁荣、民族振兴、教育发展，需要我们大力培养一支师德高尚、业务精湛、结构合理、充满活力的高素质专业化教师队伍。我党历来高度重视教师工作，党的十八大以来，以习近平同志为核心的党中央高度重视教师队伍建设，把教育作为国之大计、党之大计，把加强教师队伍建设作为建设教育强国最重要的基础工作来抓，2018 年颁布《中共中央 国务院关于全面深化新时代教师队伍建设改革的意见》，这是中华人民共和国成立以来党中央出台的第一个专门面向教师队伍建设的里程碑式的政策文件，文件明确提出了加强教师队伍建设的重要性，要求通过提升教师的地位、待遇和职业吸引力来推动教育事业的发展。2020 年颁布《教育部等六部门关于加强新时代高校教师队伍建设改革的指导意见》，提出通过推动教师培训和专业发展改革来提高高等教育教师素质，满足现代教育的需求。2021 年颁布的《"十四五"时期教育强国推进工程实施方案》再次明确了教育发展的目标和任务，提出要全面提高教师队伍质量。这些文件和论述体现了党和国家对教师队伍建设的高度重视，为新时代教师队伍建设提供了强有力的政策支持和方向指引。

　　建设高质量教师队伍的关键在于提升教师教育质量，师范生作为未来教师队伍的重要来源，其教育质量对我国高素质教师队伍建设起到重要保障作用。为提高师范生的教育质量，我国颁布了一系列文件，如《高等学校师范类专业认证办法（试行）》（2017）、《教育部关于加强新时代师范生教育实习工作的指导意见》（2020）等，以期对师范生进行全面培养，提高师范生的教育质量。除了政策环境对师范生培养质量进行要求和规范之外，师范生自身的学习收获是评价学习质量的重要指标之一，直接反映了学生在学习过程中所获得的知识、技能和能力的发展情况。近年来，学习收获的影响因素随着研究的深入，其视角不断细化，成就目标、心理资本、学习投入等个体因素逐渐引起研究者的重视。

成就目标是指个体对从事某一任务的目的、原因的认知及其完成任务的信念，具有动机、认知、情感和行为等特征（Linnenbrink，2005）。Linnenbrink 与 Pintrich（2000）认为，目标能够产生不同的动机过程和情感过程，同时，目标和动机、情感过程又与各种不同的认知和行为过程相联系。个人学习的目标导向会影响其认知、情感和行为；学习者有不同的学习形态或学习表现，主要是因为个人在面对成就情境时所持的目标导向有所不同（陈嘉成，2002），因此，不同的学习成就目标导向会产生不同的学习行为，进而导致不同的学习结果。成就目标包含精熟目标、表现—趋近目标和表现—回避目标三个面向，精熟目标的个体关注对任务的理解和掌握，关注自身能力的提高和发展；表现—趋近目标的个体关注与别人成绩的比较，以获得对自身能力的判断；表现—回避目标的个体关注在与他人的比较中避免自身的错误和不足，以回避对能力的不利判断。根据成就目标理论，由于对未来规划的不同和对所追求价值的差异，个体在追求目标的不同时间段会表现出不同的态度，有人会间歇性消极倦怠，而有人会持续性动力十足，直面学业挑战。在当前学界对于学生学习投入、学习质量等与学业有关的研究中，成就目标是学者们解释学生学习动机的重要依据。鉴于成就目标在师范生人才培养质量上的重要性，本研究试图针对师范生成就目标的现状，以及在不同背景变量下师范生成就目标的差异进行研究。

心理资本与内在动机存在正相关关系（Siu O L，Bakker A B，Jiang X，2014）。心理资本被视为继人力资本、物质资本、生理资本、社会资本之后的第五大资本，在积极心理学领域中受到广泛关注。心理资本是指个体在成长过程中所展现出来的一种正向心理特质，由自我效能感（self-efficacy）、复原力（resilience）、希望（hope）和乐观（optimism）四个要素构成，是一种独特的、可发展的心理特质（Luthans, Youssef & Avolio, 2007）。自我效能感是指在面对有挑战性的工作时，对自己有信心，并且能付出必要的努力来获得成功。复原力是指当身处困境或被问题困扰时，能够持之以恒，在挫折中迅速复原，并采取迂回途径来取得成功。希望是指对自己所定的目标锲而不舍，为了获取成功，在必要时能够进行调整，重新选择实现目标的途径和路线。乐观是指对当前和将来的成功能够有积极的归因方式。对于师范生来说，心理资本的丰富程度关系到其是否能将学到的教育知识和教学技能在一线教师这个岗位上最大限度地发挥出来，提高教学质量，进而实现自身专业化持续发展。自我效能能够增强师范生的信心，让他们在面对复杂教学情境时，保持自信，从容应对；复原力使得师范生在面对教育这项需要长期投入和持续改进的工作时，能够在反复的实践中不断总结经验，持续进步；希望作为心理资本的一个重要组成部分，能够激励师范生设定教学目标，积极面对挑战，提高教学能力，从而提升教学质量；乐观是师范生在教学实践中面对困难和压力的重要心理支撑，乐观的师范生能更有效地调整情绪，从而避免职业倦怠。研究表明，对于大学生群体，充足的心理资本可以为其提供克服困难的意志，有利于提高大学生的学业成就（许海元，2017）。文献研究还表明，大学生心理资本与成就目标、学业倦怠、学习投入、学业满意度等各种学业指标有相关关系。基于心理资本在师范生人才培养质量上的重要性，有必要对目前师范生心理资本状况如何，尤其在不同背景变量下心理资本的差异进行探讨。

学习投入作为衡量师范生培养质量的重要指标，直接反映了学生在学习过程中付出的时间、精力和情感，它不仅影响学业成绩和学习收获，更对未来的职业素养和教学能力产生较大的影响。因此，对师范生学习投入进行研究是必要的。Mosenthal（1999）认为，学习投入在学生的学习过程中扮演着重要的角色，是学习者认知及情感的基础。学生致力于教育活动的时间与精力，是其学习成效及个人发展最好的预测值（Pascarell & Terenzini，2005）。学生的学习投入（learning engagement）包含学生在校学习的各个层面，是学生致力于学校相关学习活动和任务而花费的时间、精力与资源，并从中获得高质量的学习经验的行为和态度。一般包含三个面向：行为投入、认知投入和情感投入。行为投入主要考虑学生的课堂表现、课外参与学习、与他人课堂内外互动等方面的情况；认知投入主要是从学习策略运用的角度来进行考察，涉及学生在学习活动中所运用的认知策略、学习技巧和资源管理策略等；情感投入主要涉及学生在学习过程中的学习态度、学习兴趣和积极情绪体验等方面。学习投入是一个包含特定态度与行为的一般性概念，而投入所包含的广度使其成为一个能够用以理解学生教育成果的有力概念（Glanville & Wildhagen，2007）。校园环境对学生影响的大小，在很大程度上是由学生个人的努力程度以及参与程度所决定的（陈仲才，2015）。教师教育质量被广泛关注的今天，作为教师职前培养的重要一环，师范生愿意投注多少的时间、精力和心血在学习上，不仅是衡量师范生学业表现的一个重要指标，更是反映他们是否能成长为合格甚至优秀教师的关键因素。为丰富此议题的内涵，本研究试图了解当代大学师范生的学习投入状况，以及在不同背景变量下学习投入的差异。

我国大学规模从 1999 年扩招后迅速扩大，大学生人数大幅增长。1999 年，高等教育在校生规模约为 600 万人，而到 2023 年，这一数字已经增加到 4763 万。高等教育毛入学率由 1999 年的 9.8% 增长至 2023 年的 60.2%。师范生的人数虽然没有具体统计数据，但随着高等教育规模的扩大和国家对高质量师资的重视，师范生规模也在提升。随着高等教育的大众化，高等教育在办学规模、办学条件和培养人才数量方面虽然有了极大的发展，但同时也引发出一系列问题，如大学经费投入虽然高速增长，但是教育质量却没有得到快速提高；大学数量增加和规模迅速扩大，但是学生的学习收获却并不见得令人满意。2010 年，《国家中长期教育改革和发展规划纲要（2010—2020 年）》指出："提高高等教育质量是高等教育发展的核心任务，是建设高等教育强国的基本要求。"2019 年，中共中央、国务院印发了《中国教育现代化 2035》，强调提高各级教育质量，特别注重加强教师培训。大学质量的基础是教学质量，教学质量的根本是学生的学习质量。作为高等教育主体的大学生，是高等教育质量最重要也是最直接的展现。大学生的学习质量是大学教学和人才培养的真实体现，是高等教育质量提升的根本（史秋衡、邢菊红，2014）。在师范教育中，师范生的学习质量是未来教育发展的关键，是基础教育的重要支撑力量。那学生的学习质量该如何衡量呢？Kuh 与 Hu（2001）提出，学习收获是衡量学生培养质量的评价标准，是指对学生在完成一系列课程或者培养计划之后，能够证明自己在知识、技能以及价值观念上具备了应有的能力。可见，学习收获是评价教育质量的重要视角。学生自评的学习收获是结果检查环节的主要参考指标，是衡量学生学习收获的主要依据。本研究中的师范生的学习收获包含三个面向，专业收获、应用收获和价值观收获。专业收获指对专业知识和技能的掌握，尤其是对教育理论、教学技能以及学科专业知识的掌握程度；应用收获指学生在人际沟通、信息搜寻与处理、人际合作等方面的收获；价值观收获指对外界和自己的认识更加深入，形成了自己的价值观等方面，通过学习，师范生能形成对教师职业以及个人职业发展的清晰认识。

从文献看，对大学生学习收获的研究，国内外学者已经普遍重视，许多国家都开展了全国性的调查，形成了一些成熟的调查工具，取得了不少研究成果，但与国外的研究相比，对国内大学生学习收获的研究刚刚起步不久，师范生学习收获的相关研究并不丰富。为丰富师范生学习收获的内涵，本研究想要探讨师范生学习收获的状况，以及在不同背景变量下师范生学习收获的差异。

过去的一些学者研究发现，成就目标和学习投入之间有很高的相关。国内已有的研究结果表明成就目标与学习投入呈显著相关（李永占，2015；王学坚，2011），但是成就目标的具体维度与学习投入的关系如何，并没有一致的研究结论。李永占（2015）的研究显示，表现—回避目标与学习投入呈显著负相关，而有些研究结果表明表现—回避目标与学习投入相关不显著（王学坚，2011；周方，2015）。国外的研究结果表明，成就目标，尤其是精熟目标与较高的学习投入呈正相关。持有精熟目标的学生通常更愿意花时间和精力参与学习活动（Kaplan & Maehr，2007）。然而，一些研究发现，掌握目标可能与学习投入不一定有明确的正相关关系，甚至在某些情况下，可能因为焦虑导致较低的学习投入（Elliot & McGregor，2001）。鉴于过往研究结果不一致，探讨师范生群体的成就目标与学习投入的关系成为必要。

回顾国内外对心理资本和学习投入的研究发现，当心理资本越高，学生愿意在学习上投入更多，心理资本对学习投入应有正向的影响效果（丁奕，2015；李玉亭、刘洪琦、李媛媛、王剑，2012；丁奕、张乐明，2014；Luthans，Youssef & Avolio，2007），针对这方面的研究获得了比较一致的结果。且这一结论在师范生群体中得到了验证，具有较高心理资本的师范生往往能够更积极地参与课堂和课外学习活动，表现出更强的投入感。心理资本各维度对学习投入预测情形如何，不同的研究结果不同。有研究显示，乐观不能有效预测学生的学习投入，过高的乐观有时会导致学生对自身能力的错误估计，导致学习投入不足（刘湘玲，2016；黄郁婷，2012；Youssef & Luthans，2013）。复原力对学习投入的预测作用的结论也未有一致（刘湘玲，2016；丁奕、张乐明，2014）。在本研究中，针对两者的关系进行再次探讨和确认。

在学习投入与学习收获之间的关系方面，过往的研究大部分显示，学习投入与学习收获之间呈现正向相关关系（廖友国、陈敏，2014；谢睿，2015；许长勇，2013；刘选会、钟定国、行金玲，2017；王阳，2015）。然而，也有部分研究指出，在缺乏有效指导或学习资源有限的情况下，学习投入与学习收获并非呈现正相关（Schaufeli et al.，2002）。鉴于过往对大学生学习投入和学习收获的研究并不多，并且两者之间相关系数皆不同的现象，研究者认为需要进一步确认师范生学习投入与学习收获的关系。

在成就目标与学业收获方面，过去的大部分研究发现，精熟目标与学业成就呈现正相关（周炎根，2007；朱丽雅，2012；曹静、朱明，2011；周炎根、桑青松、葛贵明，2010）。持有精熟目标的师范生，往往会选择富有挑战性的、有价值的任务，并在完成任务过程中能够克服困难，坚持完成，并从中获得收获和成长（Kaplan & Maehr，2007）。但表现—趋近目标与学习收获之间关系的结果未见一致。有研究指出，表现目标可能会导致焦虑和压力，影响学生的学习成就（Hanackiewicz et al.，2000）。有研究认为，表现—趋近目标与学业成就之间不相关（周炎根、桑青松、葛贵明，2010；朱晓艳，2014；周炎根，2007；王小凡，2013）；也有研究认为表现—趋近目标与学习收获之间存在正向相关关系（唐亚微，2012；李茹锦，2008；黄丽婷，2013）。有关成就目标与学习收获的关系研究在结果上还未能达到完全的一致，有继续研究确认的必要。

在心理资本与学习收获方面，相关研究并不多，目前已有的研究结果显示，心理资本与学业成就之间呈现正向相关关系（吴双双，2013；苏晓莹，2015；方攀，2014；王鹏军，2012；王茜，2015；赵德慧、王璐曦、沈彤，2014）。但也有研究显示，不同文化背景和学习环境中的师范生，心理资本对学习收获的影响可能不同。例如，在高压力环境中，心理资本可能不足以缓解学生的焦虑，进而影响他们的学习成果（Schaufeli & Salaneva，2007）。本研究对心理资本与学习收获的关系进行进一步研究，以获得确切的结果。

师范生成就目标、心理资本、学习投入和学习收获之间的相关研究结果中，虽然有些研究结果一致，但有些研究结果并不一致，表明这些关系可能受到环境、个体差异等多种因素的影响，再次探讨四个变量间的两两相关关系，是本研究中要解决的问题之一。

相关关系只能判断变量之间是否有关系及其关系的方向和程度，除了相关关系外，成就目标、心理资本和学习投入是如何影响学习收获的，过去的研究也有不一致的结论。在成就目标对学习收获的预测方面，国内外多数学者研究发现，精熟目标、表现—趋近目标对学业成就有显著的预测作用（周炎根、桑青松、葛贵明，2010；王雁飞、李云健、黄悦新，2011；黄丽婷，2013；朱丽雅，2012；朱晓艳，2014；Elliot & Church，1997；Pintrich & Groot，1990；Schraw、Horn、Thorndike-Christ & Brunning，1995；Phillips & Gully，1997）。表现—回避目标对学业成就的影响作用不显著（曹静、朱明，2011；周炎根、桑青松、葛贵明，2010；王雁飞、李云健、黄悦新，2011；李茹锦，2008；Phillips & Gully，1997）。也有研究显示，回避目标与学业成绩则有显著的负向预测作用（黄丽婷，2013）。通过以上分析，不难看出关于成就目标对学业成绩的影响现在还很难达成一致的结论，这与研究者对成就目标定向的划分不同、测量工具选择的不同、研究对象以及情境因素的差异有密切联系，这些都有待于随着研究的不断深入继续加以验证和分析。

在心理资本对学习收获的影响方面，过往研究结果一致认为，心理资本能显著预测大学生学习成就（吴双双，2013；王鹏军，2012；王茜，2015）。但从心理资本各维度对学习收获的预测来看，研究结果并不一致。苏晓莹（2014）认为，希望和复原力能显著预测大学生的学业绩效；方攀（2014）认为，希望、复原力和乐观对学习成绩有预测作用；王雁飞（2011）认为，自我效能可以显著预测大学生学业成就，而复原力和乐观对学业成就的预测作用不显著；赵德慧、王璐曦、沈彤（2014）的研究发现，自我效能、复原力、乐观和希望四者均能预测学习收获。鉴于过去研究心理资本对学习收获的预测作用不一致，因此，在本研究中需要进一步研究确认。

在学习投入对学习收获的影响方面，过去的研究发现，学习投入能显著预测学生的学习收获（王阳，2015；吴舒静，2015；刘选会、钟定国、行金玲，2017）。许长勇（2013）的研究结果显示，大学生的学习投入对学习收获有显著的正向影响，学习投入是大学生专业承诺影响学习收获的中介变量。汪雅霜（2013）认为，学习投入中的同伴互动对学习收获有较高的解释力。廖友国、陈敏（2014）认为，只有情绪投入对学业收获有预测作用，谢睿（2015）的研究发现，行为投入、情绪投入和认知投入对学习收获皆有预测作用。鉴于过去对行为投入的测量工具不同，且研究结果不一致的结论，本研究试图了解学习投入对学习收获的影响如何。

在过去的研究中，成就目标、心理资本和学习投入对学习收获的预测研究有不一样的结论，并且未发现过往有研究将成就目标、心理资本和学习投入作为效标变量，联合预测师范生学习收获。因此，师范生成就目标、心理资本、学习投入对学习收获的预测作用如何，并且不同背景变量下的师范生成就目标、心理资本、学习投入对学习收获的预测作用如何，是本研究需要探讨的问题之一。

有关师范生成就目标、心理资本、学习投入和学习收获四者之间的关系，大多是变量间的两两相关性研究，尚未有研究尝试建立四者之间的内在机制。在过往的研究中发现，学习投入经常扮演中介的角色（张家瑀，2015；萧钰慈，2014；周金玲，2011；李秋娟，2011），也就是说成就目标和心理资本可能通过影响大学生的学习投入，最终作用于学习收获。本研究提出"师范生成就目标、心理资本、学习投入和学习收获关系"的整体模式，并进行验证。

第二节　研究意义

师范生作为未来基础教育的储备力量和主力军，在高等教育阶段的学习收获不仅关系到个人职业能力的形成，还直接影响未来基础教育质量。除了环境对师范生学习收获的影响外，成就目标、心理资本、学习投入等非智力因素也是影响师范生学习收获的关键变量。研究目标、心理资本、学习投入对学习收获的影响及其作用机制，不仅能够加深我们对师范生学习过程及其影响因素的理解，还能为高校的教学改革、教育政策制定以及教师职业发展提供实证依据，为提高高等教育质量奠定基础。

一、深化对师范生学习过程的理解

研究师范生成就目标、心理资本、学习投入和学习收获之间的关系，能够从个体层面提供系统的理论框架，揭示这些关键因素如何共同作用，影响师范生的学业和职业发展。成就目标决定了学生的学习动机，心理资本则影响学生在面对学习压力时的应对方式，而学习投入反映了学生在学习中的实际行为、认知和情感投入。通过对这些因素间关系的探讨，能够解释师范生的学习成效如何受心理、动机和行为因素的共同作用，为教师教育者提供系统分析学生学习行为的工具，也为优化教学提供重要的理论支持。

二、提升师范生的教育质量

对学生学习状态和学习效果进行评估是学校教学质量管理的重要措施和评价指标。教师在教学中只是起着引导的作用，学生才是学习的主体。如何调动学生学习的主动性和积极性，如何培养学生学习的兴趣，使其全身心投入专业学习，都是高校人才培养改革中不能回避的现实问题。大学生的学习是一个动态的、多维的社会活动，单纯对学生的学习成果加以评估，只能发现学生学到了什么，而无法具体了解影响学习收获的具体机制。关注成就目标、心理资本、学习投入等与学习收获相关的心理及行为特点，在了解影响学生学习收获相关因素的基础上，才能更好地开发和培养学生的学习能力，进而提高教学效果和师范生的培养质量。

三、为教育政策的制定提供实证依据

通过量化这些变量之间的关系，可以了解哪些因素对师范生的学习收获最为关键，从而为教育政策制定者设计出更具针对性的教师教育及培训政策，提供具体的实证支持。例如，政策制定者可以根据研究结果，在教师培养过程中引入心理资本，提升积极心理的训练，帮助学生建立积极的学习态度和长期的职业发展规划。此外，这一模型还可以为师范教育中的课程设置、教学方法的改革提供数据支持，推动建立更加科学和有效的教师培养体系。

四、促进师范生终身学习

终身学习能力是现代社会对教育工作者提出的基本要求。作为未来的教师，师范生必须具备持续学习、适应教育变革的能力，以应对快速发展的教育技术和教学需求。当前，我国高校学生在不同程度上沿袭了基础教育阶段形成的被动接受式学习方式，部分大学生缺少自主探索、合作学习以及独立获取知识的意识。因此，高校必须关注师范生在大学阶段的学习目标、学习投入以及学习方式等问题，促使师范生实现有意义的学习。研究师范生的学习收获，不仅有助于了解他们在大学阶段的学习成效，还能帮助了解其是否具备终身学习的潜力，这对师范生未来职业发展和教育体系的持续改进具有重要意义（Candy，1991）。

第三节　研　究　设　计

一、研究思路

本书在文献分析、问卷编制与数据收集的基础上，探究师范生学习收获的基本情况，并试图找出影响师范生学习收获的主要因素，从而为提高师范生学习质量提出实际可行的建议。研究思路如下。

首先，编制师范生学习收获调查问卷。本研究编制了《师范生成就目标量表》《师范生心理资本量表》《师范生学习投入量表》《师范生学习收获量表》。这几个量表和学生个人背景信息共同构成了本研究的调查主体部分。个人背景信息情况包括性别、年级、学校性质、就读专业、家庭所在地、毕业后打算等。问卷的各个题目采用李克特6点量表计分，1代表"非常不符合"，2代表"不符合"，3代表"不太符合"，4代表"有些符合"，5代表"符合"，6代表"非常符合"。

其次，对师范生学习收获现状及其影响因素进行分析。通过理论与文献的梳理，本研究从成就目标、心理资本、学习投入三个影响师范生学习收获的个体因素出发，调查师范生在这些方面的现实情况如何？个体特征、就读专业、年级等对他们的影响情况如何？通过数据分析，真实反映师范生成就目标、心理资本、学习投入以及学习收获各维度状况。

最后，探讨师范生收获与成就目标、心理资本和学习投入的关系。师范生的学习过程因素包括其成就目标、学习投入、心理资本等方面，这些因素对学习结果（学习收获）的影响机制如何，也是本研究的重要内容。本研究对不同背景因素下师范生成就目标、心理资本、学习投入和学习收获的差异进行研究，提出学习的过程性因素对学习收获的影响机制，并验证模型的合理性。

二、研究内容

根据研究思路，本研究的内容主要包括以下几个方面：

第一，编制相关变量的科学性量表。本研究使用项目分析、探索性因子分析、信度分析等方法来对《师范生成就目标量表》《师范生心理资本量表》《师范生学习投入量表》《师范生学习收获量表》进行信效度分析。

第二，阐明师范生学习收获的现状及影响因素。本研究通过调查问卷来获取师范生学习收获的相关数据。通过使用相关的统计分析方法来展示师范生成就目标、心理资本、学习投入和学习收获的现状和特点。在此基础上，探究学生个体背景、专业、对大学生学习收获的影响。

第三，探究相关变量之间的关系。本研究具体针对不同性别、年级、专业大学生的学习过程性因素（成就目标、心理资本和学习投入）对学习结果（学习收获）的影响进行探讨，从而找出不同背景因素下师范生成就目标、心理资本和学习投入对学习收获的内在机制。

第四，提出本研究的结论和建议。通过对得到的相关结果进行探讨和分析，试图为提高师范生学习收获、提升高校管理水平和提高高等教育质量提供科学、合理、可行的建议。

三、研究方法

根据研究思路与研究内容，本研究主要采用文献分析法、问卷调查法、统计分析法。

（一）文献分析法

主要是在研究的初始阶段，对已有的师范生学习收获的相关研究进行分析，找到研究切入点，确定研究主题。在中国知网（CNKI）中国学术期刊网络出版总库搜索关于成就目标、心理资本、学习投入与学习收获两两变量的相关研究，同时从 Web Of Science、台湾博硕论文网等数据库、相关参考书等上面进行文献补充，未找到师范生成就动机、心理资本、学习投入与学习收获四个变量组合的相关研究，根据已有研究，建立四个变量的路径关系和理论模型，为本研究提供理论可行性和合理性。

（二）问卷调查法

问卷调查法是本研究的主要研究方法，旨在对师范生的成就目标、心理资本、学习投入和学习收获的现状进行全面了解。在前期参考国内外相关量表的基础上，结合访谈结果及师范生实际情况对量表进行改编，形成《师范生成就目标量表》《师范生学习投入量表》《师范生学习收获量表》，《师范生心理资本量表》采用目前国内信效度较高、引用量较大的已有大学生心理资本量表，对师范生进行调查，获取师范生学习情况的第一手资料，为本研究的实证分析打下扎实的基础。本研究主要采用线下纸质问卷填答的方式来收集数据。预试问卷发放 300 份，回收有效问卷 237 份。以广东省普通本科师范院校的非公费师范生为研究对象，采用立意抽样的方式，发放纸质正式问卷 1500 份，回收问卷 1416 份，其中有效问卷 1136 份。

（三）统计分析法

本研究使用项目分析、探索性因子分析、信度分析等统计方法来对自编的调查问卷进行分析。本研究主要使用描述性统计分析来厘清师范生学习收获及其影响因素的现状；在研究学生个体、就读专业、年级对师范生学习收获的影响时，以独立样本 t 检验和单因子多变量变异数分析来考查不同背景变量师范生在成就目标、心理资本、学习投入和学习收获上的表现差异；在分析师范生成就目标、心理资本、学习投入与学习收获之间的关系时，本研究主要采用 Pearson 积差相关和多元线性回归进行数据处理。在考查师范生成就目标、心理资本、学习投入和学习收获之间的模型关系是否成立时，采用 Mplus 对结构方程模型进行验证。

第四节 核心概念界定

为确保本研究的变量意义明确，以及测量信度，将本研究的重要研究变量分别界定说明如下：

一、师范生

根据《教育大辞典》，师范生是指在中等师范院校或高等学校系统接受师范教育的一类学生，其在学习教育教学知识的同时需要参加教育实践活动，并具有良好的教师专业素质和道德品质。师范生作为未来教师预备者不仅要具备良好的专业技能、丰富的理论知识以及实践技能，还要能胜任各级各类教育机构的教育、管理、研究等工作。根据本研究的目的和需要，本研究将师范生定义为广东省普通本科师范院校培养的全日制非公费大一到大四在读师范类本科学生。研究对象主要包括来自汉语言文学、数学与应用数学、化学、小学教育、学前教育等师范专业学生，相较于公费师范生，本研究的对象在就业选择上拥有更大的自主权。

二、成就目标

成就目标（Achievement Goals）是个体从事某一活动的原因，反映了个体对成就任务的一种内在的认知取向，是个人自觉达到某一目的的信念。本研究的成就目标包含精熟目标、表现目标两个维度，精熟目标的个体，关注对任务的理解和掌握，关注自身能力的提高和发展；表现目标的个体，关注与别人的成绩比较，以获得对自身能力的判断。

本研究使用的"成就目标量表"，参考蒋京川（2004）翻译 Elliot & Church（1997）的三维度成就目标量表，重新编制师范生成就目标量表，将所得分数作为成就目标的操作型定义。依据受试者的回答，评定分量表各自的总分，个体在分量表得分越高，表明个体的此目标倾向越强。

三、心理资本

心理资本（Psychological Capital）是指个体在成长过程中所展现出来的一种正向心理特质，由自我效能感（self-efficacy）、复原力（resilience）、希望（hope）和乐观（optimism）四个要素构成，是一种独特的、可发展的心理特质。自我效能感是指在面对有挑战性的工作时，对自己有信心并且能付出必要的努力来获得成功。复原力是指当身处困境或被问题困扰时，能够持之以恒，在挫折中迅速复原，并采取迂回的途径来取得成功。希望是指对自己所定的目标锲而不舍，为了获取成功，在必要时能够进行调整，重新选择实现目标的途径和路线。乐观是指对当前和将来的成功能够有积极的归因方式（Luthans，Youssef & Avolio，2007）。

本研究的心理资本量表采用张阔、张赛与董颖红（2010）编制的"大学生积极心理量表"为测量工具，内容包含自我效能感、复原力、希望、乐观四个维度，以所得分数作为心理资本的操作型定义。受试者得分越高，表示所拥有的心理资本越丰厚。

四、学习投入

学习投入（Learning Engagement）是学生致力于学校相关学习活动和任务而花费的时间、精力与资源，并从中获得高质量的学习经验的行为和态度。行为投入主要考虑师范生的课堂表现、课外参与学习、与他人课堂内外互动等方面的情况；认知投入主要是从学习策略运用的角度来进行考察，涉及师范生在学习活动中所运用的认知策略、学习技巧和资源管理策略等；情感投入主要涉及师范生在学习过程中的学习态度、学习兴趣和积极情绪体验等方面。

本研究使用的"学习投入量表"，是以 Fredricks，Blumenfeld 与 Paris（2004）所提出的学习投入的三维度为参考架构，参考 Fredricks，Blumenfeld，Friedel 与 Paris（2005）、Reeve 与 Tseng（2011）、林淑惠与黄韫臻（2012）、舒子吁（2009）的研究工具，重新编制的测量工具，以所得总分数作为学习投入的操作型定义。受试者得分越高，表示学生有越高的学习投入。

五、学习收获

学习收获（Learning Outcome）是学生经过学习后获得的能力。包括在完成了一系列培养计划之后所获得的专业知识、技能和情感态度价值观方面的发展。本研究中的师范生学习收获包含专业收获、应用收获和价值观收获三个方面。专业收获指对专业知识和技能的掌握，尤其是对教育理论、教学技能以及学科专业知识的掌握程度；应用收获指学生在人际沟通、信息搜寻与处理、人际合作等方面的收获；价值观收获指对外界和自己的认识更加深入，形成了自己的价值观等方面。

本研究修订厦门大学"大学生学习情况调查研究"（AIA100007）课题组开发设计的"大学生学习情况调查"中关于大学生学习收获的子量表，作为师范生学习收获的测量工具，并以所得总分数作为学习收获的操作型定义。受试者分数越高，表明其学习收获越多。

第二章　师范生成就目标研究

第一节　成就目标的内涵

一、成就目标的概念发展

目标导向理论（goal orientation theory）或成就目标理论（achievement goal theory）是近年来教育心理学领域热门研究议题之一。主要的研究焦点在于探讨学习者从事学习工作时的理由，即学习者为什么从事某项学习工作（彭淑玲、程炳林，2005）。此种研究主要探讨学习者所持的目标导向的个别差异，即持有精熟目标或表现目标，属于"个人"层面的研究范畴。成就目标还有另一个层面，即课室中的"情境因素"（situational factors），即"课室目标结构理论"（classroom goal structure theory）。后者强调的是，学习者知觉到的教学者所营造的整体教室学习氛围（Ames，1992），这种主观知觉对学习者个人的目标类型及学习行为会产生影响。目标导向理论的研究，有个人（as personal）和情境（as contextual）两种不同角度的研究方式，而且两者有密切的联系（Ryan & Pinrtich，1997）。本研究中的成就目标理论，主要从个人（as personal）的角度来研究其概念与演变。

关于成就目标的界定，不同研究者有不同的界定。Elliot 与 Dweck（1988）认为成就目标是一种有计划的认知过程，它具有认知、情感和行为的特性；Ames（1992）认为成就目标是个体对学习、学业成就、工作和成功意义的知觉，是成败归因、能力信念和情感的整合模式；Urdan 与 Maehr（1995）认为，成就目标是促使个体参与某项成就性活动的原因，以及对此活动的知觉；Vandewalle（1997）认为成就目标是个体努力展示自己的能力，并使自己的行为更有效的内在特质；Pintrich（2000）认为，成就目标是关于个体追求成就任务的原因，对目标认知的表征，它反映了个体对成就任务的一种内在认知取向，是一个关于目标、胜任、成功、能力、努力、错误和标准的有组织的结构系统，即成就目标是个体关于成就活动的目的、成功的意义和成功标准的整合的信念系统。Midgley 与 Urdan（2001）把成就目标定义为："在一个有关能力的背景下，个体所感知或追求的行为的目的。"学者对成就目标的不同定义参见表 2-1。

表 2- 1　　　　　　　　　　成就目标的不同定义

作者、年代	定　义
Elliot & Dweck（1988）	成就目标是一种有计划的认知过程，它具有认知、情感和行为的特性
Ames（1992）	成就目标是个体对学习、学业成就、工作和成功意义的感知，是成败归因、能力信念和情感的整合模式
Urdan & Maehr（1995）	成就目标是促使个体参与某项成就性活动的原因，以及对此活动的知觉
Vandewalle（1997）	成就目标是个体努力展示自己的能力，并使自己的行为更有效的内在特质
Pintrich（2000）	成就目标是关于个体追求成就任务的原因，对目标认知的表征，它反映了个体对成就任务的一种内在认知取向，是一个关于目标、胜任、成功、能力、努力、错误和标准的有组织的结构系统，即成就目标是个体关于成就活动的目的、成功的意义和成功标准的整合的信念系统
Midgley & Urdan（2001）	成就目标是在一个有关能力的背景下，个体所感知或追求的行为的目的

续表

作者、年代	定　　义
梁国胜（2002）	成就目标是个体对参与某一成就任务的目的或原因的知觉，以及个体对目标达成的评价
周炎根（2007）	成就目标既是个体对所从事某一成就任务的目的或原因的知觉，还是一个关于参与成就任务的目的、成功意义和成功标准的整合的信念系统

数据来源：研究者自行整理。

虽然不同学者的具体定义不同，但他们的界定中有些共同之处：首先，成就目标是个体对所从事某一成就任务的目的或原因的知觉；其次，成就目标是一个关于参与成就任务的目的、成功意义和成功标准的整合的信念系统。

无论对成就目标的定义是什么，成就目标关注的是隐藏在主体成就行为背后的，在任务选择时所表现出来的一种普遍的目的倾向。成就目标是认知因素被引入成就动机的研究后所产生的概念，它的提出，从概念上揭示出成就动机的认知特点。成就动机是成就目标激发出的动力因素，具有一定的目标指向性，是个体对于自己认为很重要、有价值的事情而去努力的动力因素，因此，它必然包含了个体的认知判断和价值判断，对于目标价值的判断体现出成就动机重要的认知特性。

在本研究中，成就目标是个体从事某一活动的原因，反映了个体对成就任务的一种内在的认知取向，是个人自觉达到某一目的的信念。

二、成就目标的发展

"目标"（goal）的定义是指认知主体对于要完成的任务的一种"认知表示"（cognitive representation）（Elliot，1999；Harackiewicz，Barron & Elliot，1998）。

人类与其他生物一样，天性中有趋利、避害的倾向。在与能力有关的成就情境中，会有"趋向成功"或"逃避失败"两种成就动机。自从Murray（1938）首先提出成就需求的概念以来，成就动机一直是动机领域的研究重点和热点。随着对成就动机研究的不断深入，心理学家们越来越注重个体的认知因素对成就行为的影响，成就目标（achievement goal）应运而生。成就目标被视为一种与能力有关的行为的目的（Maehr，1989）或认知动力的焦点所在（Elliot，1997）。最先研究成就目标的心理学家是Dweck，他主要探究哪种目标取向可以让个体的成就行为更具坚持性，哪种目标取向能更多地唤起与任务相关的各种有效策略运用、认知资源调动和情感体验的产生。成就目标的提出，从概念上揭示出成就动机的认知特点。这一理论受到众多教育心理学家的广泛关注，进一步推动了成就动机理论的发展，也成为近年来成就动机理论研究的热点。

Dweck（1986）针对儿童的学习过程，提出了精熟目标（mastery goal）和表现目标（performance goal）。持有精熟目标的人从事学习的目的是发展自身的能力，重视能力的提高带来的满足感；持有表现目标的人从事学习的目的则是展现个人的能力或者避免让别人知道自己能力不够。Nicholls（1984）认为成就目标是一种个人的"能力观"以及个人如何定义"成功"的。能力观主要是通过两种比较方式获得。一种比较方式是，如果与自己的过去经验及知识相比较，在此信念下，超越自己过去的经验或知识便是一种"高能力"的表现；另一种比较方式是，通过社会比较（social comparison）的方式来获得有关自己能力的信息，超越他人会有高能力的感觉。前者认为，学习的目的是掌握知识，学习过程中遭遇失败并不能说明自身能力不足，而是努力不够。后者认为学习的目的是取得好成绩，失败就说明自身能力欠缺。Ames（1992）探讨了不同课堂环境如何影响学生的动机，并讨论了两类成就目标——精熟目标（master goals）和表现目标（performance goals）。这两类成就目标会导致不同的过程及结果——秉持精熟目标的学习者，会迎接挑战，面临阻碍时会表现出较高的毅力，投入更多努力来完成任务；秉持表现目标的学习者，会避免挑战，面临阻碍时倾向出现负面情感和负面的自我认知（Dweck，1986）。虽然研究者对两种成就目标的命名及定义有一些细微的差异，但是本质上是相同的，即精熟的目标取向，关注对任务的理解和掌握，关注自身能力的提高和发展；表现的目标取向，关注与别人的成绩比较，以获得对自身能力的判断。

主张对成就目标进行二因素划分的学者认为，精熟目标的作用是积极的，有利于自身能力和成绩的提高；而表现目标的作用往往是消极的，不利于个体能力和水平的提高。但也有些实证研究发现，表现目标并非都是负面的结果，有时也可能产生积极的结果（Hom，Duda & Miller，1993）。因此，开始有学者质疑，二分法是否适当（Harackiewicz & Sansone，1991；Harackiewicz & Elliot，1993）。Elliot 和他的同事以及其他研究者（Middleton & Midgley，1997；Skaalvik，1997）试图修正原有的目标框架，用趋近与逃避的特性来区别，解释表现目标不一致的现象。因此，Elliot 与 Church（1997）修正二分法的目标导向架构，将表现—趋近（approach performance）和表现—回避（avoidance performance）纳入分类中，将表现目标进一步细分为表现—趋近目标（performance-approach goal）和表现—回避目标（performance-avoidance goal）。这一修正使得成就目标理论更好地解释了为什么表现目标并不总是带来消极结果。表现—趋近目标关注自身在与他人比较的过程中如何显示出自己更高的能力，取得更好的成绩，倾向于对自身能力的有利判断。因此表现—趋近目标有时会表现出与精熟目标相类似的行为，如选择一些有挑战性的任务以证明自身的能力等。但由于表现—趋近目标的指向是取得好成绩，证明自己比别人有能力，一旦成绩不够理想，个体的动机水平和对任务的坚持性就会受到直接的影响。所以，在这一层面上，表现—趋近目标与精熟目标是有区别的。表现—回避目标的个体在与他人比较的过程中，注重如何避免自身的错误和不足，更倾向选择容易完成的、挑战性低的任务，以回避对能力的不利判断。

随着研究的进一步深入，Elliot（1999）认为，只将趋近和逃避的维度加入表现目标是不够的，精熟目标中也应该加入两种成分。因此，Elliot 与 McGregor（2001）将趋向—逃避维度整个纳入成就目标考虑，形成了一个 2×2 的成就目标理论模型（2×2 achievement goal framework），即：精熟—

趋近目标（mastery-approach goal）、精熟—回避目标（mastery-avoidance goal）、表现—趋近目标（performance-approach goal）和表现—回避目标（performance-avoidance goal）。Pintrich（2000）认为，秉持精熟—趋近目标的个体关注任务的掌握、学习和理解，根据自己能力的进步和提高，以及对任务的理解深度评价自身的表现。秉持精熟—回避目标的个体关心的是如何避免不理解和没有完成的任务的情况，判断成功的标准是在自我比较基础上准确无误地完成任务。秉持表现—趋近目标的个体关注的是如何超越他人，根据常模标准来评价自己，如在班上考得最好。秉持表现—回避目标的个体关心的是如何不让自己显得低能，显得比别人笨，根据常模标准来评价自己的表现，如不是班里最差的。这种四分模型不仅纠正了原有二分法的局限性，而且提出了更为细致的框架，强调了动机的复杂性和多样性。

目前 2×2 成就目标理论模型的应用较为广泛，但有学者提出，成就目标隐含了理论概念化的问题（王柏钧、季力康，2016）。也就是说，对于精熟目标的定义不够明确。在 Elliot（2001）等人对精熟目标的定义中，精熟目标有两种参照的能力，一种是绝对的任务标准（abslute）；一种是个人内在的自我标准（intrapersonal），而且个人内在的标准比绝对的任务标准需要更多的认知能力。因此应进行区分，并提出了 3×2 的成就理论模型进行探讨（Elliot, Murayama & Pekrun, 2011），将精熟—表现维度进一步分为工作维度（abslute）、个人维度（Intrapersonal）和他人维度（other），加上趋近与逃避两个维度，形成 3×2 的成就目标模型，包含工作—趋近目标（task-approach goal）、工作—回避目标（task-avoidance goal）、个人—趋近目标（self-approach goal）、个人—回避目标（self-avoidance goal）、他人—趋近目标（other-approach goal）和他人—回避目标（other-avoidance goal）六种。持有工作—趋近目标的个体目标是成功完成某个任务，达到对任务的理解和掌握。例如，学生为了理解所学的知识内容而认真学习。持有工作—回避目标的个体目标是避免对任务的理解不充分，或避免在任务上表现不佳。例如，学生为了避免对课程内容的误解而努力学习。持有个人—趋近目标的个体试图超越自己过去的表现，追求个人进步。例如，学生试图在期末考试中超越自己上次考试的成绩。持有个人—回避目标的个体目标是避免表现不如自己过去所取得的成绩。例如，学生为了避免比上次考试分数低而努力学习。持有他人—趋近目标的个体目标是超过他人，表现优于同伴或对手。例如，学生为了在班级中取得最高分数而努力学习。持有他人—回避目标的个体试图避免在与他人的比较中表现得比他人差。

成就目标理论的发展历程从单因素论到多因素论的演变，揭示了人类动机的复杂性。首先，趋向—逃避是每个人天生具备的本能反应，它反映了个体对成功和失败的基本心理倾向。而精熟—表现则是源于社会认知和比较的结果，它代表了个体在与环境互动中产生的认知，影响其行为选择。随着研究的深入，成就目标理论的结构也变得越发复杂，更加贴近现实生活中的学习情境。这种多维度的探索使得成就目标理论能够更好地解释个体在不同环境下的动机与行为，研究结果也更具现实意义和客观性。

第二节　成就目标的测量

关于成就目标的测量，研究者们主要通过量表来进行。由于对成就目标的结构维度的划分存在多种理论，所以在成就目标的测量上也存在着不同维度组成的测量工具。采用什么样的测量工具，主要取决于研究者对成就目标的界定和看法。目前关于成就目标的测量工具参见表2-2。

表2-2　　　　　　　　　　　**成就目标的测量工具量表**

作者、年代	量表	维　　度
Nicholls（1984）	动机定向量表	任务定向、自我—社会定向和工作逃避定向
Elliot & Church（1997）	18题	精熟目标、表现—趋近目标和表现—回避目标
Ames（1992）	14题	掌握目标、表现目标

续表

作者、年代	量表	维　度
Button（1996）	16 题	学习目标、表现目标
Midgley（1998）	18 题	任务目标、表现—趋近目标、表现—回避目标
李晓东（2001）	16 题	表现—趋近目标、表现—回避目标、社会亲密目标、合作取向目标
蒋京川（2004）	修订 Elliot & Church（1997）成就目标量表，16 题	精熟目标、表现—趋近目标和表现—回避目标
刘惠军、郭德俊（2003）	自编成就目标量表，29 题	精熟—趋近目标、精熟—回避目标、表现—趋近目标和表现—回避目标

数据来源：研究者自行整理。

上述关于测量成就目标的工具，在研究中被广泛应用，而具有了一定的信度和效度。但是目前，关于成就目标的分类，学者们的看法还很难统一，因此关于成就目标的测量，也并没有像智力和人格测试那样，有比较成熟的测量工具。

Attenweiler 与 Moore（2006）专门探讨此问题，认为三因素模型，即表现—趋近目标、表现—回避目标、精熟目标的模型，较优于二因素模型。Payne，Youngcourt 与 Beaubien（2007）的元分析研究中，也坚持使用三因素模型，即精熟目标、表现—趋近目标和表现—回避目标。陆先鹏（2009）认为，教育工作者在分析学生的成就目标类型时，较宜采纳三因素模型，探讨这三类成就目标对学生学业成就的影响。成就目标理论从二维度发展到三维度，再到 2×2 的目标架构，甚至 3×2 架构的研究，Levy-Tossman，Kaplan & Assor（2007）认为，四因素的成就目标理论更像是一种概念架构，在精熟—回避目标的角色和研究尚未清楚前，精熟—回避目标的应用仍然有继续讨论的空间。

本研究以成就目标的三因素为划分维度，采用 Elliot & Church（1997）的成就目标量表，该量表分为精熟目标、表现—趋近目标和表现—回避目标三个维度，蒋京川（2004）曾对此量表进行翻译和修编，并对高中生进行施测，结果发现，三个分量表的内部一致性信度系数为 0.788、0.691、0.668，信效度并没有特别高。本研究在此基础上，继续对此量表进行增减修编，并试着以师范生为施测对象，以建立适合评定师范生成就目标的量表。

第三节　师范生成就目标的相关研究

在探讨师范生群体的成就目标时，由于相关研究较有限，因此在综述时将研究对象扩大到大学生群体。尽管师范生作为一群特殊的学生群体，其职业发展具有指向性，但他们在大学期间的学业发展、心理特点及学习行为等方面与普通大学生存在很多相似之处。相关研究结论整理如表2-3。

表 2- 3　　　　　　　　**大学生及师范生成就目标的相关研究**

作者、年代	研究对象	研 究 结 论
全丽娟，徐圆圆，姚本先（2009）	230 名大学生	不同性别大学生在成就目标的四个维度上得分差异均无统计学意义
张丽娟（2007）	303 名大学生	不同性别大学生在成就目标上不存在显著差异 大学文科学生在表现—回避和精熟—回避目标维度上得分显著高于理科学生 不同年级大学生在成就目标定向各方面无显著差异
蔡恒爱，潘运（2014）	300 名师范大学生	文科学生的回避目标得分显著高于理工科学生

续表

作者、年代	研究对象	研 究 结 论
曲宁 （2007）	267 名 音乐专业 大学生	不同性别音乐专业大学生在成就目标的三个维度上无显著差异
范英 （2013）	1678 名 大学生	大学生的成就目标在性别、专业上都存在显著差异 女生在表现—趋近目标、表现—回避目标以及成就目标上都要显著高于男生 文科生在精熟—趋近目标以及成就目标上都要显著高于理科生 大学生的成就目标在年级上存在显著差异。大一学生的表现—趋近目标、表现数据来源回避目标以及成就目标总分平均分都要显著高于大二、大三学生
李茹锦 （2008）	412 名 大学生	当代大学生的成就目标中，表现—趋近和精熟—趋近得分高于表现—回避和精熟—回避得分 大学生的成就目标具有一定的性别差异，女生的精熟—回避平均得分明显高于男生
朱丽雅 （2012）	841 名 大学生	在成就目标上有显著的性别差异。在精熟目标维度上，女生得分高于男生 在成就目标上有显著的专业差异。在精熟目标维度上，文科生得分显著高于理科生 大学生精熟目标存在极其显著的年级差异。大三学生显著高于大二学生
王学坚 （2011）	453 名 大学生	大学生成就目标不存在性别差异 在年级差异上，大学生的表现—回避目标和精熟目标存在显著差异，大一学生的表现—回避目标得分显著高于大三学生

续表

作者、年代	研究对象	研究结论
黄丽婷 （2013）	608名 大学生	大学生以精熟—趋近目标、表现—趋近目标、精熟—回避目标为主 男女生在精熟—趋近目标和精熟—回避目标的得分差异上并不显著，但男生在表现—趋近目标和表现—回避目标上得分均显著高于女生 不同专业的大学生在精熟—趋近目标、表现—趋近目标差异不显著，但文科生在表现—回避目标、精熟—回避目标的得分显著高于理科生 不同年级大学生在精熟—趋近目标、表现—趋近目标、表现—回避目标、精熟—回避目标上存在显著差异
周炎根 （2007）	667名 大学生	大学生成就目标不存在性别差异 理科大学生在精熟目标上显著高于文科大学生 精熟目标和表现—回避目标存在显著的年级差异
王延伟 （2013）	650名 大学生	在性别差异上，精熟—回避目标和表现—回避目标上，女生显著高于男生；精熟—趋近目标和表现—趋近目标上无显著差异 在专业差异上，精熟—回避目标和表现—回避目标上，文史类大学生得分显著高于理工类大学生 在年级差异上，在表现—趋近目标上，大一大学生低于大二，大二低于大三和大四；在表现—回避目标上，大一学生得分低于大二学生，大二学生得分高于大四学生
陈小普， 杨颖 （2020）	450名 师范生	师范生成就目标在性别、专业以及年级上均不存在显著差异

数据来源：研究者自行整理。

综上所述，在成就目标的性别差异上，研究结果存在分歧。性别不同的大学生在成就目标上无显著差异（全莉娟、徐圆圆、姚本先，2009；曹静、朱明，2011；曲宁，2007；周炎根，2007；张丽娟，2007；王学坚，2011）。另外一些研究结果表明，大学生的成就目标在性别上存在显著差异（范英，2013）。在精熟目标维度上，女生得分高于男生（朱丽雅，2012；李茹锦，2008）。也有研究表明，男女生在精熟目标得分差异上并不显著，但男生在表现目标上得分均显著高于女生（黄丽婷，2013）。在表现维度上，女生在表现—趋近目标、表现—回避目标以及成就目标上都要显著高于男生（范英，2013）。

在回避目标的专业差异方面，研究结果相对一致。例如，文科学生的回避目标得分显著高于理工科学生（张丽娟，2007；黄丽婷，2013）。在精熟目标的专业差异方面，研究结果存在非常大的差异。有研究显示，理科生和文科生在精熟目标维度上存在非常显著的差异，文科生得分高于理科生（朱丽雅，2012；范英，2013）。亦有研究显示，理科大学生更倾向于精熟目标（周炎根，2007）。也有研究显示，不同专业师范生成就目标无显著差异（陈小普、杨颖，2020）。

在年级差异方面，研究结果不完全一致。周炎根（2007）、王延伟（2013）、黄丽婷（2013）、范英（2013）、王学坚（2011）等研究认为，不同年级大学生，在表现—回避目标上存在显著差异。但也有研究显示，不同年级大学生在成就目标定向各方面无显著差异（张丽娟，2007），不同年级师范生成就目标无显著差异（陈小普、杨颖，2020）。

因此，鉴于成就目标在学习上的重要性，和目前研究结果不一致的情况，本研究试图厘清师范生成就目标的概况，尤其是其成就目标的影响因素有哪些。

第四节　师范生成就目标的量表编制

一、量表开发

成就目标量表有多种维度，因素模型是普遍受肯定的一种。本研究编修 Elliot & Church（1997）的成就目标量表，原量表 18 题，分为精熟目标、表现—趋近目标和表现—回避目标三个维度，参考 Elliot & Church（1997）的成就目标量表、蒋京川（2004）的成就目标量表，并自编部分题项，编制本研究的"师范生成就目标量表"预试量表，共计 39 个题项。

初始问卷形成后，为了保证问卷测量的专业性和可理解性，首先，邀请了教育学原理、高等教育学、教育心理学的三位教授从专业的角度对问卷的内容进行讨论和修改，他们参照本研究给出的成就目标各维度的基本含义，根据问卷的设计原则，全面分析了问卷的语言表述和内容效度性，并提出评估意见和建议。然后，研究者又邀请了两位本科生，对问卷题目的可读性和可理解性进行了讨论，并提出意见和建议。根据上述过程得到的反馈，我们对量表进行了修订，舍弃了部分不符合要求的题目，修改并完善了其中部分题目，从而形成师范生成就目标量表，共计 26 个题项。采用李克特 6 点量表计分，1 代表"非常不符合"、2 代表"不符合"、3 代表"不太符合"、4 代表"有些符合"、5 代表"符合"、6 代表"非常符合"；计分时，填答"1"者给 1 分，填答"2"者给 2 分，以此类推，最高为 6 分。依据被试的回答，评定分量表各自的总分。

二、预测试数据收集与分析

量表编制完成后，随即进行预试。共发放预试量表 300 份，回收量表 300 份，有效量表共 237 份，样本具体情况参见表 2-4。预试的主要目的是针对本研究所编制的师范生成就目标量表进行初步的信、效度分析与可行性评估，以了解量表中各题项的适切性，并进行修改，以便作为正式量表进行施测。

表 2-4   **预试样本性别、专业及年级的分布表**

	类别	人数	有效百分比
性别	男生	56	23.6
	女生	179	75.5
	遗漏值	2	0.8
	合计	237	100
专业	文管类	72	30.4
	理工类	157	66.2
	遗漏值	8	3.4
	合计	237	100
年级	大一	0	0
	大二	77	32.6
	大三	154	65.0
	大四	4	1.6
	遗漏值	2	0.8
	合计	237	100

在性别分布上，女性偏多，占到样本总数的 66.29%。在专业分布上，理工类师范生占样本总数的 69%，这与正式问卷发放时的要求有关。为了平衡男女和文理科学生的比例，在问卷发放时，对理工科师范生发放问卷比文管类师范生略多，结果造成理工科的学生比例偏大。在年级分布上，四年级被试明显偏少，这与问卷发放的时间有一定的关系。本次问卷发放的时间处于大四学生的第一学期，四年级学生正处于毕业实习阶段，在校

人数偏少，而本研究的问卷采取在校发放纸质问卷的方式，因此造成四年级的被试人数偏少。

（一）项目分析

运用临界比值法来进行项目分析，使用 SPSS23 进行分析，分析的步骤如下：（1）问卷项目的反向计分；（2）求出问卷的总分；（3）问卷总分按高低排列；（4）找出高低分组上下 27%处的分数；（5）根据临界分数将观察值在问卷的得分分成高低两组；（6）以独立样本 T-test 检验两组在每个项目上的差异；（7）将 t 检验结果未达到显著性的项目删除。

（二）探索性因子分析

进行项目分析后，接着对量表进行探索性因子分析，来求得量表的建构效度。采用探索性因子分析可以提取变量的公共因子，用较少的构念来代表较为复杂的数据结构。各维度题目的反应采用主成分分析可估计因素负荷量，采用最大方差法进行正交转轴，以特征值大于 1 者为选入因素的参考标准。而根据 Kaiser 的观点，KMO 值在 0.70 以上可进行因素分析（吴明隆，2007）。Bartlett 球形检验用来检验题项间的相关系数是否不同且大于 0，显著的球形考验表示相关系数可以做因素分析。师范生成就目标预试量表的 KMO 值达 0.905、Bartlett 检验卡方值为 2768.820，达显著水平，表示适合做因素分析，因素负荷量情况见表 2-5。

表 2-5 "师范生成就目标预试量表" 的因素负荷量情形

题项	表现目标	精熟目标
AB17	**0.886**	0.116
AB16	**0.845**	0.094
AB25	**0.827**	0.145

续表

题项	表现目标	精熟目标
AB18	**0.815**	0.130
AB27	**0.807**	0.002
AB22	**0.794**	0.097
AB24	**0.782**	0.093
AB14	**0.780**	0.169
AB15	**0.745**	0.218
AB26	**0.687**	0.254
AB19	**0.681**	0.325
AB13	**0.678**	0.185
AA5	0.185	**0.813**
AA4	0.177	**0.809**
AA6	0.116	**0.749**
AA12	0.194	**0.731**
AA7	0.067	**0.701**
AA10	0.115	**0.699**
AA3	0.093	**0.659**

注：因素负荷量>0.650 以粗体显示。

以主成分分析法进行分析，以最大方差法进行正交转轴，萃取出两个因子，对各因素内因素负荷量小于 0.65 的题项进行删题，经过分析，删除预试量表中的 20 和 11 题。两个因子"表现目标"与"精熟目标"，分别可解释成就目标变异量的 39.155% 与 22.022%，累积解释变异量为 61.177%，显示本量表具有良好的建构效度。其结果如表2-6 所示。

表 2-6　　　　　"师范生成就目标预试量表"的因素分析结果

因素	题号	因素负荷量	共同性	特征值	解释变异量%	累计变异量%
表现目标	AB17	0.886	0.798	7.439	39.155	39.155
	AB16	0.845	0.723			
	AB25	0.827	0.705			
	AB18	0.815	0.681			
	AB27	0.807	0.651			
	AB22	0.794	0.640			
	AB24	0.782	0.620			
	AB14	0.780	0.636			
	AB15	0.745	0.602			
	AB26	0.687	0.537			
	AB19	0.681	0.570			
	AB13	0.678	0.493			
精熟目标	AA5	0.813	0.696	4.184	22.022	61.177
	AA4	0.809	0.686			
	AA6	0.749	0.574			
	AA12	0.731	0.572			
	AA7	0.701	0.496			
	AA10	0.699	0.502			
	AA3	0.659	0.443			

(三) 信度分析

进行探索性因子分析后，一般使用内部一致性系数（Cronbach's α 系数）来考察各因子的信度。通过分析可知，本研究"师范生成就目标的预试量表"的信度分析结果各维度的 Cronbach's α 系数分别为表现目标为 0.946，精熟目标为 0.864。根据内部一致性判断原则，最低的内部一致性系数要在 0.70 以上，最好能高于 0.80（吴明隆，2007），而本研究整体量表的 Cronbach's α 系数为 0.927，两个层面与量表整体的 Cronbach's α 系数皆大于 0.80，基于以上标准，师范生成就目标预试量表具有良好的信度，量表信度分析结果如表 2-7。

表 2-7　　　　"师范生成就目标预试量表"的信度分析表

层面	题数	Cronbach's α 值
表现目标	12	0.946
精熟目标	7	0.864
总量表	19	0.927

（四）效度分析

本研究分别根据预试样本所得数据，对师范生成就目标量表中的两个因子进行相关探讨，总结发现，量表中两两因素间的相关均达 0.01 显著水平，且个别因素与量表总分的相关皆大于任两个因素间的相关（相关数据见表 2-8），表示两因素间具有良好的相关性与独立性，由此可知，量表具有较好的效度。

表 2-8　　　　"师范生成就目标预试量表"的效度分析表

因素	1	3	4
表现目标	1.00		
精熟目标	0.357**	1.00	
成就目标	0.900**	0.536**	1.00

** $p < 0.01$

三、正式数据收集与分析

本研究以广东省普通本科师范院校的非公费师范生为研究对象，施测采用立意取样的方式，发出纸质正式量表 1500 份，回收 1416 份，回收率为 94.4%。研究者逐份检查量表，其中，空白量表和多选量表先予以淘汰；另外，基本信息未填写的量表也予以排除，经过过滤与处理无效量表之后，有效样本共 1160 份。将遗漏值全部排除后，得到有效样本 1136 份。样本分布见表 2-9。

表 2-9　　研究样本性别、专业、年级及生源地的分布表

	类别	人数	有效百分比
性别	男生	383	33.7
	女生	753	66.3
	合计	1136	100
专业	文管类	352	31
	理工类	784	69
	合计	1136	100
年级	大一	416	36.6
	大二	329	29.0
	大三	259	22.8
	大四	132	11.6
	合计	1136	100
生源地	农村	699	61.5
	城镇	437	38.5
	合计	1136	100

（一）信度分析

本研究对 1136 份样本进行信度分析，各维度的 Cronbach's α 系数分别为表现目标为 0.921，精熟目标为 0.907。根据内部一致性判断原则，最低的内部一致性系数要在 0.70 以上，最好能高于 0.80（吴明隆，2007），而本研究总量表的 Cronbach's α 系数为 0.916，两个维度与量表整体的 Cronbach's α 系数皆大于 0.80，可见此正式量表具有良好的信度，量表信度分析结果如表 2-10。

表 2-10　　　　"师范生成就目标的正式量表"的信度分析表

因素	题目内容	正式样本（N=1136）
表现目标	对我来说，比别人表现得出色是重要的 "我要超过其他同学"，这种想法激励着我 我渴望在班上表现出色，以便向我的家人、朋友及老师等表现我的能力 我在班上的目标是取得比大多数同学更好的成绩 我正在努力证明，与班上其他人相比，我是有能力的 比其他同学做得更好对我来说是重要的 我想要比其他同学学得更好，这对我来说非常重要 我在课堂中的目标是要得到比其他同学更好的成绩 在学习过程中，我想比其他人学得更好 对我来说，做得比别人好是重要的 让班上其他同学认为我在学习上表现优秀，这对我来说非常重要 在课堂中表现良好对我来说是重要的	0.921

续表

因素	题 目 内 容	正式样本 （N = 1136）
精熟目标	我想在课堂上尽可能多学到东西 我希望尽量多掌握课堂上所学的内容 当结束了一门课的学习，我希望自己能掌握广泛、深入的知识 我想要在课堂中尽可能学得更多 我之所以学习，主要是由于我想更好地掌握所学到的知识 虽然在学习过程中，我经常会出错，但我仍然非常喜欢学习 对我来说，尽可能透彻、深入地理解教材内容是重要的	0.907
总量表		0.916

（二）效度分析

本研究分别根据正式样本所得数据，对师范生成就目标量表中的两个因子进行相关探讨，总结发现，量表中两两因素间的相关均达 0.01 显著水平，且个别因素与量表总分的相关皆大于任两个因素间的相关，具体数据详见表 2-11。表示两因素间具有良好的相关性与独立性，由此可知，量表具有较好的效度。

表 2-11　　　"师范生成就目标正式量表"的效度分析表

因素	1	3	4
表现目标	1.00	0.488 **	0.883 **
精熟目标		1.00	0.637 **
成就目标			1.00

** $p < 0.01$

第五节　师范生成就目标的现状及差异分析

一、师范生成就目标的现状分析

师范生在成就目标及其所包含的两个因素的平均数与标准差结果如表 2-12 所示。统计结果显示，样本学生在成就目标的平均数为 4.115，在"有些符合"到"符合"之间，以平均值而言，处于中等程度，表示师范生的成就目标稍显不足。

表 2-12　　　　　师范生成就目标及其各维度的平均数与标准差

成就目标	样本数	题数	平均数	标准差
表现目标	1136	12	3.952	0.862
精熟目标	1136	7	4.393	0.934
总量表	1136	19	4.115	0.773

就成就目标的两个维度来看，师范生在"表现目标"（M=3.952）的平均数均介于"不太符合"到"有些符合"之间，"精熟目标"（M=4.393）的平均数介于"有些符合"到"符合"之间。以平均值而言，精熟目标的得分最高。从结果看出，师范生在持有的成就目标中，精熟目标最强。

二、师范生成就目标的差异分析

（一）师范生成就目标的性别差异分析

在进行 t 检验之前，首先看不同性别师范生在表现目标、精熟目标和成就目标总量表的变异数是否相等。经 Levene 检验，得到不同性别师范生在表现目标、精熟目标和成就目标总量表的变异数的显著性皆大于 0.05。表示要从"假设变异数相等"来解读其数据。性别在表现目标（$F = 0.699$，$p = 0.403$；$t = 1.401$，$p > 0.05$）、精熟目标（$F = 0.045$，$p = 0.833$；$t = -1.850$，$p > 0.05$）和成就目标总量表（$F = 0.897$，$p = 0.344$；$t = 0.163$，$p > 0.05$）的得分上不存在显著差异。具体结果参见表 2-13。

表 2-13　　　　　　　**师范生成就目标的性别差异分析**

成就目标	性别	样本数	平均数	标准差	t 值
表现目标	男生	383	4.003	0.899	1.401
	女生	753	3.927	0.842	
精熟目标	男生	383	4.321	0.949	-1.850
	女生	753	4.430	0.925	
总量表	男生	383	4.120	0.814	0.163
	女生	753	4.112	0.752	

由此可见，师范生在成就目标上及其各维度上，并无显著性性别差异。

（二）师范生成就目标的专业差异分析

经过 Levene 检验，得到不同专业师范生在精熟目标的变异数的显著性皆小于 0.05，表示要从"不假设变异数相等"来解读其数据。在表现目标和成就目标总量表的变异数的显著性皆大于 0.05，表示要从"假设变异数相等"来解读其数据。精熟目标（$F = 4.995$，$p = 0.026$；$t = 1.072$，$p > 0.05$）不存在显著差异。专业在表现目标（$F = 0.031$，$p = 0.861$；$t = -2.435$，$p < 0.05$）和成就目标总量表（$F = 0.108$，$p = 0.742$；$t = -2.179$，$p < 0.05$）上存在显著差异，且理工类大学生得分显著高于文管类师范生，具体结果参见表 2-14。

表 2-14　　　　　　　　　　　**师范生成就目标的专业差异分析**

成就目标	专业	样本数	平均数	标准差	t 值
表现目标	文管类	352	3.860	0.856	-2.435^*
	理工类	784	3.994	0.862	
精熟目标	文管类	352	4.350	0.888	-1.072
	理工类	784	4.412	0.954	
总量表	文管类	352	4.040	0.772	-2.179^*
	理工类	784	4.148	0.772	

$* p < 0.05$

由此可见，师范生在成就目标上，不同专业师范生在表现目标和成就目标总分上存在显著差异，理工类师范生显著高于文管类师范生；但在精熟目标上并无专业上的显著差异。

（三）师范生成就目标的年级差异分析

对不同年级师范生的成就目标及其各维度进行单因子多变量变异数分析（multivariate analysis of variance，MANOVA）。结果如表 2-15 所示。Wilks' Lambda（λ）的值为 0.993，p 值大于 0.05，整体结果未达显著，表示不同年级师范生在表现目标、精熟目标和成就目标总量表上，不存在显著差异。

表 2-15　　　　**不同年级师范生成就目标多变量变异数分析摘要表**

成就目标	年级	平均数	标准差	F 值
表现目标	大一（N=416）	4.098	0.898	1.825
	大二（N=329）	3.972	0.838	
	大三（N=259）	3.894	0.846	
	大四（N=132）	4.098	0.827	

成就目标	年级	平均数	标准差	F 值
精熟目标	大一（N=416）	4.394	0.934	2.133
	大二（N=329）	4.383	0.893	
	大三（N=259）	4.316	0.976	
	大四（N=132）	4.567	0.941	
总量表	大一（N=416）	4.099	0.791	2.484
	大二（N=329）	4.123	0.748	
	大三（N=259）	4.049	0.778	
	大四（N=132）	4.271	0.759	

Wilks' Lambda（λ）= 0.993　F = 1.418　p = 0.204

三、结论

整体而言，师范生的成就目标属于中等程度。从不同层面来看，师范生所拥有的精熟目标最高。在性别上，成就目标及其各维度方面无差异。在专业上，理工类师范生的表现目标和成就目标总量表上得分高于文管类师范生。在年级上，在表现目标、精熟目标和成就目标总量表方面，不同年级师范生的得分无显著差异。

四、讨论

（一）师范生成就目标概况

师范生成就目标的两个分量表中，精熟目标的得分最高，这与大部分的研究结果相一致（柴婧蕊，2011；黄丽婷，2013；王延伟，2013；杨晓超，2019）。说明师范生的成就目标比较正确，学习的目的是理解和掌握知识，提高技能，增强自身的能力，并非为了避免表现得比其他人愚蠢。其原因可能在于，许多师范生选择教育专业往往出于个人兴趣，他们对教学事业本身有较高的认同度。同时，教师的工作不仅仅是传授知识，还肩负着培养下一代的责任，这份职业需要有很强的社会责任感和使命感。因此，很多师范生会以提高自己的教学能力、提高教育教学技能等作为主要学习动机。这种内在的动机与精熟目标相符，即注重学习的过程和自身能力的提升，而非单纯的成绩或他人评价。因此出现了师范生在精熟目标得分较高的结果。

（二）性别与师范生成就目标

本研究发现，师范生在表现目标、精熟目标和成就目标总分上不存在性别差异。

过去很多研究指出，性别不同的大学生及师范生在成就目标上无显著差异（全莉娟、徐圆圆、姚本先，2009；曹静、朱明，2011；曲宁，2007；周炎根，2007；唐亚微，2015；陈小普、杨颖，2020）。然而，也有研究显示，男生在表现—回避目标上的得分大于女生，此研究结果与黄丽婷（2013）的研究结果部分一致。可能原因是，社会对男生的期待与对女生的期待有所不同，在男性占主导地位的社会文化中，人们对男生的期待和要求较高，男生应该表现出更多的竞争性和独立性，这种社会期许，使得男生更加倾向于与他人比较，避免表现得比其他人糟糕，这样获得社会的认可和尊重。另一方面，相较女生来讲，亚洲文化中，男性注重尊严，更加注重自我形象和外界的评价，更加喜欢在别人面前表现自己成功和有能力的一面。可见，成就目标的性别差异并未有一致的研究结果，原因有可能跟受试者不同有关，也可能与不同的测量工具有关。性别因素是不是影响师范生成就目标的因素之一，男女生的成就目标差异究竟如何，后续可收集更多相关数据进行持续研究。

（三）专业与师范生成就目标

本研究发现，相关专业师范生在表现目标上存在显著差异，且理工类得分显著高于文管类学生，在精熟目标和成就目标总分上不存在显著差异。

此研究结果与柴婧蕊（2011）的研究结论部分一致。在表现目标上，工科学生显著高于文科学生，可能原因是因为两者学科特点的不同所致。理工科专业的学习内容较为抽象，注重逻辑思维和对知识的理解，对基础专业知识的要求高，学生如果想取得好的成绩，必须要对知识点、公式、定律等有真正的理解和掌握，因此，这使得理工类学生倾向于使用表现目标来取得好成绩，以此证明自己比较有能力。另外，理工科学生在面向就业市场时，相较文科学生，更具有专业性，更加注重专业知识和能力的考查，因此，理工科学生也不得不使用表现目标尽快掌握专业知识。而文科学生的大学学习更多地需要广泛阅读，参加各种实践活动，更加重视实际运用和综合素质，因此在成就目标上与理工科显著不同。

也有一些研究与本结果不一致。黄丽婷（2013）和王延伟（2013）认为，不同专业的大学生在表现—趋近目标上的差异不显著，在表现—回避目标上的差异显著，且均为文史类专业得分高于理工类专业的得分。也有研究显示，不同专业学生在成就目标及其各维度上不存在显著差异（梁宇颂，2000）。可能原因是不同的研究对成就目标内涵不同，所使用的量表维度也可能不一样。

（四）年级与师范生成就目标

本研究发现，不同年级的师范生，在表现目标、精熟目标和成就目标总分上不存在显著差异。

此研究结果与王延伟（2013），范英（2013），周炎根（2007），王学坚（2011），黄丽婷（2013）等人的研究结果不完全一致，即在表现目标上存在年级差异。本研究认为，师范生刚刚步入大学，大学虽然跟高中升学阶段的学习要求不同，但是大部分学生受高中学习方法和重视考试的心理的影响，在大一阶段仍然对考试成绩比较重视，学习方法也未完全从高中的应试方法中转变过来。同时，由于大一新生刚刚到新的环境，为了给同学和老师留下较好的印象，可能更加倾向于与他人比较的方式，担心他人对自己的评价。大二的学生开始参加各种评优和争取奖学金，学生在学业和综合测评上需要优于其他同学，与同侪之间是竞争关系，因此会回避对自己评价不好的方面，展现自己比其他同学优秀的方面，倾向于使用表现—回避目标。随着年级的升高，尤其是在高年级阶段，学生的专业课内容增多，学习压力增大，如教学实习、毕业论文等任务逐渐逼近，这使得学生更加注重学习表现和成绩。大四的师范生受毕业和就业要求的压力，同时经过一段时间的专业实习和在就业市场上小试牛刀，对学习有更加客观的认识，在严峻的就业现实和用人单位要求面前，仅仅通过与他人比较来获得能力是不够的，真正能提高就业竞争力的是聚焦提升自己的能力，因此更加趋于精熟目标。

以上研究结果只有部分一致，具体到哪个年级的表现目标得分较高，不同的研究结论不同，有待于后续继续研究。

第三章　师范生心理资本的研究

第一节　心理资本的内涵

心理资本（Psychological Capital）的概念最早出现于经济学、投资学和社会学等文献中。经济学家 Goldsmith、Veum 与 Darity（1997）认为，心理资本是指能影响个体生产率的某些个性特征，这些特征反映了个体的自尊感或自我观点，支配着人的动机和对工作的态度。

Seligman 与 Csikszentmihalyi（2000）以人力资本理论、正向心理学和积极组织行为学理论为理论基础提出了"心理资本"的核心概念，他认为可以将那些引导个体积极行为的心理因素纳入资本的范畴。Luthans 和 Youssef（2004）将心理资本的概念拓展到组织行为管理领域，关注人的积极心理力量，他认为心理资本是指那些能够导致个体积极组织行为的心理状态，主要包括自我效能、希望、乐观与复原力四因素。Luthans，Avolio，Walumbwa 与 Li（2005）提出了心理资本的明确定义，即"个体一般积极性的核心心理要素，具体体现为符合积极组织行为标准的心理状态，它超出了人力资本和社会资本，并且通过有针对性的投入和开发可使个体获得竞争优势"。

Luthans、Youssef 与 Avolio（2007）重新对心理资本的定义进行了相关修订，他们认为心理资本是指"个体在成长和发展过程中所表现出来的一种积极的心理状态"，具体表现在以下几方面：（1）在面对有挑战性的工作时，对自己有信心（自我效能），并且能付出必要的努力来获得成功；（2）当身处困境或被问题困扰时，能够持之以恒，在挫折中迅速复原，并采取迂回途径来取得成功（复原力）；（3）对自己所定的目标锲而不舍，为了获取成功，在必要时能够进行调整，重新选择实现目标的途径和路线（希望）；（4）对当前和将来的成功做积极的归因（乐观）。从 Luthans 等人对心理资本的概念界定中不难发现，心理资本是个体所拥有的积极心理资源，其四个构成部分都是类似于状态（state-like）的积极心理力量，是一种可测量、可开发和可以进行管理的心理状态。

但另一些学者则有不同的见解，他们认为心理资本更类似于特性（trait-like）的个性特征，具有持久性和相对的稳定性。这些学者认为，心理资本并不像技能那样可以通过短期训练迅速提升或改变，而是深植于个体的性格、人格特质和生活经历中，具有较强的稳定性。Letcher（2003）认为心理资本就是人格特质，是个体行为重要的影响因素。Cole（2006）认为心理资本是影响个体行为与产出的人格特征。特质论认为心理资本就是人格，是先天和后天因素共同作用的结果。还有一些学者则采取折中的态度，将心理资本界定在状态与特质之间，Avolio（2006）认为心理资本既具有特征性的持久性又具有状态性的可发展性，还提出状态和特质实际上是同一维度的两个极端。

相较这三者而言，Luthans 等人的理论受到了大多数学者的认可。本研究认为心理资本具有类状态的性质，具有可塑性和可开发性。具体而言，心理资本并非固定不变，而是可以通过教育、培训和实践等手段进行培养。正是因为这种可塑性，为通过提升师范生的心理资本，从而提高其学生表现提供理论依据。因此本研究采用 Luthans（2007）等人提出的心理资本概念，心理资本是指个体的积极心理发展状态。

Luthans 等人（2007）修订心理资本定义时，将四个核心维度进行定义，分别是自信或自我效能（confidence or self-efficacy）、复原力（resilience）、希望（hope）和乐观（optimism）四个方面。

（一）　自我效能

Bandura（1997）认为自我效能是人们对自己是否有能力完成某项特定任务的信念。他将自我效能感定义为"个体对自己在特定的情境里能够激发动机，调动认知资源以及采取必要的行动来成功完成某一项特定工作的信念或信心"。心理资本中的自我效能感沿用 Bandura 的定义，Luthans 等人（Luthans & Youssef，2007；Luthans et al.，2007）认为自我效能是一种人力资源的优势，能有效缓解压力对个体所造成的消极影响，也就是付出努力，并相信自己有能力去达成特定结果的信心。它不仅包括对成功的期望，还包含个体面对困难时的坚持与抗压能力。自我效能感侧重强调以下五个方面：（1）自我效能与具体领域有关，在某一领域建立的自我效能，可能无法迁移到其他领域。（2）自我效能是建立在练习和熟练掌握的基础上的。效能是基于对自我成功性的肯定，当个体对某一领域的工作能够熟练掌握时，其对自我成功性的肯定程度就会大大增加。（3）自我效能有不断提升的空间。这种提升的空间并非在同一领域无限制提升，而是在不同领域间转换时，在不熟悉的领域中提升效能感。（4）自我效能受他人影响。其他人的看法会影响个体对自己的评价，这种现象叫做皮格马利翁效应（Pygmalion effect）。另一方面，当个体看到那些与其存在诸多相似之处的人取得成功时，个体也会对成功完成此事信心倍增，即"替代学习（vicarious learning）"。（5）自我效能是变化的。决定自我效能感的因素有很多，其中一些是可以控制的，如个体的知识、技能和能力；另一些可能存在于情境中，而情境中的因素往往是多变的。

具有高自我效能感的人往往为自己设立高目标，并主动选择困难的工作任务，喜欢接受挑战，并因挑战而强大，为实现目标而投入必要的努力，并且当面对困难时会坚持不懈。自我效能感可以有效缓解压力对人造成的消极影响，对工作绩效产生积极影响。本研究根据上述文献，认为自我效能感指个体能通过计划或信心，加以付出努力及实践去达成特定目标的能力预期结果。

（二）复原力

美国心理学会（American Psychological Association，2002）指出，复原力是一种在遭受逆境、创伤、悲剧、威胁或巨大的压力时，能够适应和应对的能力。复原力不仅包括在压力下的应对机制，还包括在困境中恢复、反弹的能力。Luthans（2002）认为复原力是一种可开发的能力，它能使人从逆境、冲突和失败中，甚至是从积极事件、进步以及与日俱增的责任中快速回弹或恢复，复原力对于提升个人的能力和社会的人力资本有重要的指导性意义。Luthans 等人（2007）指出，复原力指的是个体有能力从失败的情况下寻找跳脱的契机，能够尽快从挫败中恢复正常，并继续前进取得成功。复原力不仅是对负面事件的承受力，还包括从困境中学习和成长的能力。Luthans 将复原力视为心理资本的重要组成部分，强调其积极适应和发展的特性，他指出，复原力不仅可以帮助个体应对短期的压力和挑战，还能增强长期的适应能力，使个体在面对未来的困难时更有韧性。因此，复原力是对于个体在面对挫折或失败时，能从中迅速复原起来的能力。

（三）希望

Snyder（1995）认为，乐观的人可能会对事情或工作充满乐观，但并不一定会有清楚的计划（途径），或对目标有清楚的意识，因此，更突显出希望理论在认知历程中所扮演的角色。Snyder（2000）提出希望是个体在追求学术或个人成就目标时的信念。希望有三个成分，包括目标（goal）、如何达成目标的路径思考（pathways thinking），以及达成目标的意愿或动力思考（agency thinking）。Synder（2000）认为：（1）希望是一种认知状态，在这种状态中，个体能够设定现实而且又具有挑战性的目标和期望，然后通过一系列行动来达成目标。（2）途径或路径力是希望的另一个不可缺少的组成部分，当最初所选的途径受阻时，人们就找到另外的途径来替代，从而实现目标。我们往往将希望定义为向着一个目标前进的动力，但是希望仅有目标是不够的，必须要有实现目标的途径，并且在一条途径受阻时，能够找到其他的途径来替代，而不会因为受阻而放弃。（3）动力思考指的是个体在追求成就目标时，会相信自己有能力通过行动达成目标，这种驱动力支持着他们克服困难，保持信心。Luthans 等人（Luthans & Youssef，2007；Luthans et al.，2007）整合希望原有的观点，认为希望是一种可以开发的状态类个体特征，秉持意志力且通过策略行动抵达理想目标。本研究根据上述文献，认为希望是个人能借由策略或秉持自我意志力，对理想目标保持一定程度的趋近力。

（四）乐观

乐观是指一种期望，是个人/组织最有可能的正向经验结果（Gillham，2000）。Seligman（1998）认为，乐观是一种积极的解释风格，也就是把积极的事件归因于自身的、持久的和普遍性的原因，而把消极的事件归因为外部的、暂时性的以及与情境有关的原因。乐观不仅指预期未来会发生积极事情的心理倾向，而且，乐观还取决于个体对事情的解释和归因。但乐观不是盲目的、不现实的，心理资本理论所强调的乐观是现实和灵活的，它指出个体在归因时应该对客观现实进行正确合理的评价，然后选择积极的归因方式。至于 Luthans 等人（2007）将乐观作为心理资本的要素之一，则认为乐观是个体在归因时应该对客观现实进行正确合理的评价，然后选择积极的归因方式。心理资本中的乐观更强调其灵活性。Peterson（2000）认为，所谓"灵活的乐观（flexible optimism）"是指"个体在对客观现实正确评价的基础上，选择使用积极的解释风格还是消极的解释风格"。综上所述，个体在面对问题时，乐观思考者基于过去克服障碍的成功经验，其预期目标就会增加，当预期成功之后，个人的乐观亦会增加。乐观代表着一种在过去经验的基础上对未来进行积极预测的态度，它是有根据可循的，乐观是一种积极的认知和情感倾向，可以使个体对未来抱有积极的期望，帮助个体在追求成就时保持信心，从而促进个体取得学术成就和职业成功。

Luthans 等人（2007）在研究中提出，四种维度各自包含了独特的和共同的认知动机过程，在四种维度的综合中，认知和动机过程会通过相互影响而产生协同作用。这一协同效应表明，心理资本作为一个整体，比任何一个维度的独立作用更具优势。例如，一个具备较高自我效能感但缺乏希望和复原力的人，可能会在遇到长期挑战时缺乏坚持的动力。而具备心理资本四个维度的人，在面对挑战时不仅有明确的目标和强大的信心，还能从挫折中迅速恢复，继续前进。当这四个维度相互作用时，个体的认知和动机过程会更加有效，且其中某一维度发生变化时，其他维度也会发生改变。例如，自我效能感的增强可能会激发更多的希望感，而希望感又能提升乐观态度，乐观进一步增强个体面对失败后的复原力。因此，个体在遇到复杂或困难情境时，不仅能够通过单一维度应对压力，还能借助心理资本各维度的相互作用，产生更为强大的应对能力和持续的动力。

基于以上论述，本研究所使用的心理资本概念包括自我效能感、复原力、乐观和希望四个维度。

第二节　心理资本的结构

目前，研究者对心理资本的理解或研究存在不同的视角，因此，所确定的心理资本结构的要素和所开发的测量工具也有所差异。本研究整理了有代表性的心理资本量表的研究，整理结果如表3-1。

表 3-1　　　　　　　　　国外心理资本结构研究概览

作者、年代	量 表 名 称	结 构 要 素
Goldsmith，Veum & Darity（1997）	心理资本量表	自尊、控制点
Letcher（2003）	五大人格评价量表	稳定性、外向性、开放性、宜人性、责任感
Judg（2001），Cole（2006）	核心自我评价构念量表	自尊、自我效能感、控制点、情绪稳定性
Jensen（2003）	心理资本评价量表	希望状态、乐观状态、自我效能、复原力
Page（2004）	积极心理资本评价量表	希望、乐观、自我效能感、复原力、诚信
Larson（2004）	心理资本量表	自我效能感、乐观、复原力
Luthans & Youssef（2004）	心理资本量表（PCQ-24）	希望、乐观、自我效能感、复原力
Jensen & Luthans（2006）	积极心理状态量表	希望、乐观、复原力
Avey，Patera & West（2006）	心理资本状态量表	希望、乐观、复原力、自我效能感
Jensen（2006）	心理资本状态量表	希望、乐观、复原力

数据来源：研究者自行整理。

心理资本量表起源于西方，近年来，国内学术界对心理资本的研究日益兴盛，涌现出大量关于心理资本量表及其编制的研究成果，其中，一些量表是基于国外经典量表的翻译与修订，并针对不同人群展开实证研究。例如温磊、七十三与张玉柱（2009）修订了 Luthans 等人（2004）开发的心理资本量表，并在企业人员中进行了验证；宋洪峰等（2012）对该量表进行修订并应用于大学生群体。此外，为更加契合中国文化背景，也有学者针对不同人群开发了本土化的心理资本量表。为更全面呈现不同学者对心理资本量表研究的差异，本研究系统梳理了国内相关心理资本量表的结构及问卷题项，具体内容如表3-2所示。

表 3-2 国内心理资本结构研究概览

作者、年代	题数	维　度
柯江林，孙健敏，李永瑞（2009）	63	事务型心理资本（自信勇敢、乐观希望、奋发进取、坚韧顽强） 人际型心理资本（谦虚诚恳、包容宽恕、尊敬礼让、感恩奉献）
温磊，七十三，张玉柱（2009）	24	自我效能、希望、复原力、乐观
蒋苏芹（2010）	71	成就动机、自尊希望、乐观幸福、责任意识、自我效能、情绪智力、坚韧自强、包容宽容、创新能力
肖雯，李林英（2010）	29	自我效能、乐观、复原力、感恩、兴趣
董振华（2011）	23	乐观、自我效能、希望、复原力
凌晨，李云（2015）	16	希望、自我效能、复原力、乐观
王海燕，吴国蔚（2013）	54	乐观、自我效能、感恩、进取、担当、毅力、希望、谦虚、包容
宋洪峰，茅天玮（2012）	16	自我效能、希望、复原力、乐观
吴旻，谢世艳，郭斯萍（2015）	22	自我效能、乐观、希望、复原力、宽恕、亲社会
张阔，张赛，董颖红（2010）	26	自我效能、乐观、复原力、希望
余民宁，陈柏霖，汤雅芬（2012）	24	自我效能、乐观、复原力、希望
周利霞（2012）	48	感恩、合作、愿景、自我效能、复原力、乐观
单学志（2011）	22	自我效能、乐观、复原力、希望

作者、年代	题数	维　　度
王雁飞，李云健，黄悦新（2011）	15	自我效能、乐观、责任、复原力

数据来源：研究者自行整理。

由于心理资本是一个集合概念，其内涵和结构一直以来没有公认的统一范式。最初，弗雷德·卢桑斯等人只是基于积极组织行为学（Positive Organizational Behavior，POB）的标准，从积极心理学中挑选了几个相关概念构成了心理资本要素。然而随着研究的深入，关于心理资本的结构出现了不同的看法和模型，既有三维结构（自信、希望、复原力）也有四维结构（自信、乐观、希望、复原力），还有的学者将乐观幸福、合作、愿景、感恩之心等纳入了心理资本范畴。每种模型都反映了个体在积极心理学发展中的不同侧面。但就应用的普遍性来看，大多数研究者采用的是弗雷德·卢桑斯等人开发的心理资本问卷（Psychological Capital Questionnaire，PCQ-24），或者在其基础上进行一定的改编。直接采用国外心理资本问卷，易造成研究结果不全面。国内学者开发出适合中国大学生的心理资本量表（张阔、张赛、董颖红，2010），具有良好的信效度，为国内学者研究师范生心理资本问题提供了成熟的测量工具。

第三节　师范生心理资本的相关研究

师范生作为未来的教师，其既定的职业角色决定了其心理资本具有重要的应用价值。近10年来，多位学者曾针对大学生群体的心理资本进行了相关的研究和探讨，但对师范生群体心理资本的相关研究不多。由于心理资本理论的四个维度在人类心理活动中发挥作用的普遍性，以及师范生与其他大学生个体特质的共通性，在综述时将研究对象扩大到大学生群体，并将主要研究成果整理如表3-3。

表 3-3　　　　　　　　　　**大学生及师范生心理资本的相关研究**

作者、年代	研究对象	研 究 结 果
李林英，肖雯（2011）	672 名大学生	在大学生心理资本量表的总分上不存在性别差异，男生自我效能水平显著高于女生
		文科学生的自我效能与复原力水平显著低于理工科学生
张凡迪（2015）	1568 名大学生	女大学生心理资本总体水平、希望、乐观显著高于男大学生
		在心理资本 4 个维度中的韧性维度上存在显著年级差异
徐涛，毛志雄（2016）	381 名大学生	大学新生的心理资本状况良好。四个维度上，乐观的得分最高，其次依次是希望、自我效能和复原力
		性别在心理资本的希望维度上存在显著差异，且女生得分高于男生
肖进，袁斐林，彭望真（2014）	1075 名大学生	男生、女生在乐观维度上存在显著差异，且女生得分大于男生
张海静（2013）	北京某市属高校668 名大学生	大学生心理资本状况良好
		不同性别的大学生在希望及乐观维度上存在显著差异，且女生得分高于男生
		不同专业的大学生在希望、乐观维度及心理资本总分上存在显著差异，并且文科学生在这三项上的分值均高于理科学生
		不同年级的大学生在自我效能感、希望、乐观维度上和心理资本总分上均存在显著差异
陈旭（2013）	大连市419 名大学生	大学生心理资本整体现状良好
		大学生心理资本、乐观、希望在性别变量上存在显著差异，且女生高于男生
		大学生心理资本、自我效能、乐观、希望、复原力在年级变量上存在显著性差异

作者、年代	研究对象	研究结果
秦红霞，张杰，覃冬雪（2013）	339名大学生	心理资本的四个因子及总分在性别、专业方面存在显著差异 性别在自我效能、复原力及心理资本总分上存在显著差异，均是男生高于女生 在不同专业上，理科生在复原力上显著高于文科生
王茜（2015）	623名大学生	性别在自我效能和复原力上有显著差异，且男生大于女生 不同年级的学生在心理资本及各维度的得分上无显著差异 不同专业大学生在心理资本及各维度的得分上无显著差异
赵涵（2013）	839名大学生	大学生心理资本状况良好 自我效能维度上，男大学生要显著高于女大学生；希望和乐观维度上，女生显著高于男生 在专业差异上，理科生在心理资本、复原力、希望和乐观上均显著优于文科生 在年级上，大学生在心理资本、自我效能感、复原力、希望、乐观四个维度上均有显著差异
许海元（2015）	1870名大学生	大学生心理资本总体处于中等偏上水平 男生自我效能感得分显著高于女生，其他差异不显著 大四学生的自我效能感得分显著高于大一和大二学生
方可，梁丽，罗贤（2016）	1516名大学生	男、女大学生在心理资本总分及自我效能、希望、乐观上的差异均不显著。在复原力上，男生得分显著高于女生
彭杰，李向阳（2014）	277名大学生	大学生心理资本总体上并无性别差异，但在自我效能上，男生显著高于女生

作者、年代	研究对象	研究结果
黄慧 (2014)	689 名 大学生	大学生心理资本总均分及各因素均分均处于较高的水平 性别对心理资本、复原力和自我效能上影响显著，且男生显著大于女生 学科对心理资本总体、自我效能、复原力、希望上影响不大，但在乐观上存在显著性差异，文科比理科学生更乐观 不同年级大学生在心理资本总体、复原力和希望上差异显著
单学志 (2011)	894 名 大学生	性别在复原力上存在显著差异，且男生得分高于女生。其他维度不存在性别上的差异 心理资本及其四个维度在专业上不存在显著差异 年级在乐观和复原力维度上存在显著差异。在乐观维度上大一学生得分显著高于大二学生，在复原力维度上大一学生得分显著高于大二学生，大三学生得分显著高于大二学生
刘少峰 (2014)	932 名 大学生	学生积极心理资本及其各因子的得分在中值以上 希望、乐观、积极心理资本上存在显著的性别差异，且皆为女生高于男生 积极心理资本、希望和乐观上存在显著的年级差异。在心理资本上，大一学生高于大三和大四学生；在希望上，大一学生高于大三和大四学生，大二学生高于大四学生；在乐观上，大一、大二、大三学生高于大四学生
赖振 (2015)	804 名 大学生	在性别差异上，男生的自我效能显著高于女生，在希望维度上，女生高于男生
韩旸 (2012)	537 名 大学生	在性别差异上，男生的自我效能显著高于女生 在年级差异上，大四学生的自我效能显著高于大三学生；大四学生的心理资本得分显著高于大三学生

续表

作者、年代	研究对象	研究结果
吕兆华（2012）	989名大学生	在性别方面，男大学生的自我效能感和韧性显著高于女大学生 在学科方面，理工科大学生的复原力显著高于文科大学生 在年级方面，心理资本和复原力、希望、乐观上无显著差异，在自我效能维度上存在显著差异
任莹（2015）	541名大学生	不同性别的大学生在心理资本总分上差异不显著，在乐观维度上差异极显著，女生显著高于男生 不同专业的大学生在心理资本总分上差异不显著，在乐观维度上差异显著，人文类大学生显著高于理工类大学生 不同年级的大学生在心理资本总分维度上差异不显著。在复原力上差异显著，大四年级显著高于大一、大二和大三年级
王鹏军（2012）	746名大学生	女生的心理资本水平显著高于男生 心理资本在年级与专业上没有显著差异
吴双双（2013）	726名	大学文科生的自我效能显著高于理科生和工科生 大一学生的心理资本及其各维度水平均显著高于大二、大三和大四的学生
姚滢滢（2015）	200名大学生	大学生心理资本及各维度水平在性别上不存在差异 大学生心理资本及各维度水平在专业上不存在显著差异
徐辰（2012）	476名大学生	心理资本在性别、专业上表现出显著差异 女生在心理资本总分、希望、乐观上的得分显著高于男生的得分 在专业差异上，文科生在希望维度上的得分显著高于理科学生
丁奕，张乐明（2014）	312名本专科学生	心理资本在性别上不存在显著差异

续表

作者、年代	研究对象	研 究 结 果
尹子臣 （2012）	1086 名 大学生	大学生心理资本及各维度在性别、年级上有显著差异。男生在心理资本、自我效能和复原力上显著高于女生 不同年级大学生在心理资本及其四个维度得分上存在显著差异
孟浩天， 孙玫贞 （2015）	470 名 大学生	男大学生在希望和心理资本总分得分上显著高于女大学生，其他无显著差异 大学生心理资本总分和各维度在专业上无显著差异 大学生心理资本总分和各维度在年级上无显著差异
苏兴， 包永堂， 段友祥 （2013）	377 名 大学生	性别在大学生心理资本以及自我效能、希望、复原力、乐观方面存在的差异不显著
梁永锋， 刘少锋， 何昭红 （2016）	597 名 大学生	女大学生在希望和乐观上的得分显著高于男大学生
杜晓静， 李慧娟， 王智红， 沈占波 （2014）	475 名 大学生	"90 后"大学生心理资本及各分维度在性别上没有显著差异
杨芷英， 韩小娟 （2017）	北京 1000 名 师范生	师范生心理资本的总体水平较好，在乐观和希望维度上得分较高，在复原力维度上得分最低 女生在心理资本总水平、乐观及希望维度上得分显著高于男生；男生在自我效能感维度上得分显著高于女生 大一与大四学生心理资本维度上得分显著高于大二学生；大一学生在复原力维度上得分显著高于大三、大二学生 艺术类师范生在复原力维度上得分显著高于文科生和理科生

作者、年代	研究对象	研究结果
吴迪 （2017）	629 名 师范生	大一和大四师范生的心理资本得分显著高于大二、大三的师范生，大四的心理资本最高，但与大一相比没有达到显著水平
李春花 （2019）	274 名 师范生	师范生心理资本及各维度均值都处于中等偏上水平
任永灿， 郭元凯 （2022）	864 名 师范生	师范生心理资本处于偏上水平
袁琳， 郑家福， 侯永青 （2022）	3303 名 师范生	师范生心理资本处于中等偏上水平

数据来源：研究者自行整理。

近 5 年关于大学生及师范生心理资本的研究结果并非完全一致。有些研究结果显示，大学生的心理资本不存在显著差异（苏兴、包永堂、段友祥，2013；丁奕、张乐明，2014；李林英、肖雯，2011；王茜，2015；赵涵，2013；许海元，2015；张海静，2013；杜晓静、李慧娟、王智红、沈占波，2014；方可、梁丽、罗贤，2016；任莹，2015；姚滢滢，2015）；有些研究发现，男生的心理资本得分显著高于女生（孟浩天、孙玫贞，2015；秦红霞、张杰、覃冬雪，2013；黄慧，2014）；然而也有些研究发现，女生心理资本显著高于男生（王鹏军，2012；徐辰，2012；张凡迪，2015；陈旭，2013；刘少峰，2014；杨芷英、韩小娟，2017）。基于过往对师范生心理资本研究较少及研究结果不一致，究竟不同性别师范生的心理资本是否存有显著差异，是本研究需要进行探讨的内容。

在所学专业方面，有研究显示，文科生心理资本或其维度高于理科生

（张海静，2013；徐辰，2012；任莹，2015；吴双双，2013）；有些研究发现，在心理资本及其四个维度上，理科生的得分高于文科生（李林英、肖雯，2011；秦红霞、张杰、覃冬雪，2013；赵涵，2013；吕兆华，2014）；但是有些研究结果发现，大学生心理资本在专业上并不存在明显差异（王鹏军，2012；孟浩天、孙玫贞，2015；姚滢滢，2015；王茜，2015；单学志，2011）。基于过往对师范生心理资本的专业差异研究较少的情况，对不同专业师范生的心理资本及其四个维度是否存在显著差异，也是本研究需要进一步探讨的问题。

在心理资本的年级差异方面，有研究显示，不同年级大学生及师范生在心理资本及其各维度上无显著差异（王茜，2015；任莹，2015；韩旸，2012；孟浩天、孙玫贞，2015）；但也有研究表明，不同年级大学生及师范生在心理资本及其部分维度上有显著差异（张海静，2013；陈旭，2013；赵涵，2013；刘少峰，2014；吕兆华，2014；杨芷英、韩小娟，2017；吴迪，2017）。基于过往研究结果的不一致及研究数量较少的情况，有必要在本研究中再次对师范生心理资本的年级差异进行探讨。

第四节 师范生心理资本的量表编制

一、量表说明

本研究所使用的"师范生心理资本量表"采用张阔、张赛与董颖红（2010）编制的心理资本量表（Psychological Capital Questionnaire，PCQ）。量表包括四个分量表：自我效能感、复原力、希望和乐观。其中，自我效能感7题，复原力7题，希望6题，乐观6题，总计26个题目。采用李克特6点量表计分，选项1至6分分别代表：1代表"非常不符合"、2代表"不符合"、3代表"不太符合"、4代表"有些符合"、5代表"符合"、6代表"非常符合"；计分时，填答"1"者给1分，填答"2"者给2分，以此类推，最高为 6 分。其中，11、12、13、14、19 题为反向计分题，其余为正向题。在进行数据分析前，先将反向题反向计分。分数越高，表示受试拥有的心理资本的程度越高。

张阔等人（2010）指出，大学生心理资本的分量表和总量表均有良好的内部一致性信度，四个分量表的自我效能、复原力、希望、乐观的 Cronbach's α 系数分别为 0.860，0.830，0.800 和 0.760，总量表的 Cronbach's α 系数为 0.900。总量表及其分量表与效标之间的相关性介于 0.36~0.67，在控制了其他变量的影响后，得到的偏相关系数均有一定程度的降低，基本上在 0.4 以下，积极心理资本问卷（PPQ）具有较好的内部一致性信度，各子问卷也具有合理的区分效度。由于本量表的编制以广东省普通本科师范院校非公费师范生为研究对象，他们是大学生群体的一部分，并且有良好的信、效度指标，故此量表不另做预试处理。此外，本研究为避免填答时所产生的趋中效应，将原 7 点量表改为 6 点量表。

二、师范生心理资本量表的信效度分析

本研究以广东省普通本科师范院校非公费师范生为调查对象，正式问卷的发放与回收与师范生成就目标、学习投入、学习收获量表一起进行，因此，问卷的调查对象、发放方式、问卷的回收数量等与前述一致，最终得到有效样本 1136 份。样本分布请参考第二章表 2-9。

（一）信度分析

根据本研究正式样本 1136 名师范生进行信度分析，得到总量表的 Cronbach's α 系数为 0.861，"自我效能""复原力""希望"和"乐观"的信度值依次是 0.870、0.621、0.703 和 0.818。由此可见，本量表具有良好的内部一致性信度。吴明隆（2000）指出，信度值在 0.90 以上，表示信度很好，若在 0.60 以下，则需要重新考虑修订量表或增减题目。在正式施

测中，各维度及总量表的信度皆在 0.60 以上。因此本量表具有较好的内部一致性，各因素的信度系数如表 3-4。

表 3-4　　　　　"师范生心理资本量表"的信度分析表

维度	题数	Cronbach's α 值	
		本研究	张阔等（2010）
自我效能	7	0.870	0.860
复原力	7	0.621	0.830
希望	6	0.703	0.800
乐观	6	0.818	0.760
心理资本	26	0.861	0.900

（二）效度分析

本研究根据正式样本所得数据，对师范生心理资本量表中的四个维度进行相关关系探讨，总结发现，量表中两两因素间的相关均达 0.01 显著水平，且个别因素与量表总分的相关大于任何两个因素间的相关，数据详见表 3-5。表示四因素间具有良好的相关性与独立性，由此可知，量表具有较好的效度。

表 3-5　　　　　"师范生心理资本量表"各因素间的相关系数

因素	1	2	3	4	5
自我效能	1.00	0.128**	0.471**	0.535**	0.777**
复原力		1.00	0.244**	0.189**	0.524**
希望			1.00	0.511**	0.764**
乐观				1.00	0.787**
心理资本					1.00

** $p<0.01$

第五节 师范生心理资本现状及差异分析

一、师范生心理资本的现状分析

师范生在心理资本及其所包含的四个因素的平均数与标准差结果如表3-6所示。统计结果显示，师范生在心理资本的平均得分为3.982，在"不太符合"到"有些符合"之间，以平均值而言，处于中等偏上程度，表示师范生的心理资本相对较为充足，但仍有提升空间。

表3-6 师范生心理资本及其各维度的平均数与标准差

心理资本	样本数	题数	平均数	标准差
自我效能	1136	7	3.976	0.771
复原力	1136	7	3.660	0.636
希望	1136	6	4.133	0.716
乐观	1136	6	4.215	0.784
总量表	1136	26	3.982	0.520

就心理资本的四个维度来看，师范生在"自我效能"（M=3.976）和"复原力"（M=3.660）的平均数均介于"不太符合"到"有些符合"之间，"希望"（M=4.133）和"乐观"（M=4.215）的平均数介于"有些符合"到"符合"之间。其中，乐观的得分最高，显示出师范生在面对未来时具备较为积极的态度，能够保持正向思考。复原力得分最低，表明在面对压力和挫折时，恢复能力相对较弱。这一结果说明，师范生整体心态较为乐观，在遇到问题时，能以乐观的心态去面对；但在遇到压力和挫折时，缺乏足够的韧性与应对能力，展现出的复原力稍有不足。

二、师范生心理资本的差异分析

(一) 师范生心理资本的性别差异分析

经过 Levene 检验，不同性别师范生在自我效能、复原力、乐观和希望及心理资本量表的变异数的显著性皆大于 0.05，表示要从"假设变异数相等"来解读其数据。性别在复原力 ($F = 2.144$，$p = 0.143$；$t = 1.475$，$p > 0.05$)、希望 ($F = 1.386$，$p = 0.239$；$t = -1.171$，$p > 0.05$)、乐观 ($F = 2.812$，$p = 0.094$；$t = -0.341$，$p > 0.05$) 和心理资本总量表 ($F = 1.138$，$p = 0.286$；$t = 1.637$，$p > 0.05$) 的得分上不存在显著差异。性别在自我效能 ($F = 2.774$，$p = 0.096$；$t = 4.140$，$p < 0.05$) 上存在显著差异，男生得分显著高于女生，具体结果参见表 3-7。

表 3-7　　　　　　　　　师范生心理资本的性别差异分析

心理资本	性别	样本数	平均数	标准差	t 值
自我效能	男生	383	**4.108**	0.780	4.101 ***
	女生	753	**3.909**	0.758	
复原力	男生	383	3.699	0.682	1.475
	女生	753	3.641	0.612	
希望	男生	383	4.098	0.683	−1.171
	女生	753	4.151	0.732	
乐观	男生	383	4.204	0.827	−0.341
	女生	753	4.221	0.762	
总量表	男生	383	4.018	0.530	1.637
	女生	753	3.965	0.514	

*** $p < 0.001$

由此可见，不同性别师范生在自我效能上存在显著差异，男生的自我效能显著高于女生；但在其他方面并无性别差异。

（二）师范生心理资本的专业差异分析

经过 Levene 检验，不同专业师范生在希望维度的变异数显著性小于 0.05，表示要从"不假设变异数相等"来解读其数据。自我效能、复原力、乐观及心理资本量表的变异数的显著性皆大于 0.05，表示要从"假设变异数相等"来解读其数据。专业在自我效能（$F = 2.164$，$p = 0.142$；$t = -3.017$，$p < 0.05$）、复原力（$F = 2.132$，$p = 0.145$；$t = -3.884$，$p < 0.05$）、希望（$F = 11.467$，$p = 0.001$；$t = -2.807$，$p < 0.05$）、乐观（$F = 0.015$，$p = 0.903$；$t = -2.166$，$p < 0.05$）和心理资本总量表（$F = 2.447$，$p = 0.118$；$t = -4.091$，$p < 0.05$）的得分上存在显著差异。且理工类学生得分高于文管类学生，具体结果参见表3-8。

表 3-8　　　　　　　　　师范生心理资本的专业差异分析

心理资本	专业	样本数	平均数	标准差	t 值
自我效能	文管类	352	3.873	0.744	-3.017^{**}
	理工类	784	4.022	0.779	
复原力	文管类	352	3.552	0.589	-3.884^{***}
	理工类	784	3.709	0.651	
希望	文管类	352	4.050	0.635	-2.807^{**}
	理工类	784	4.171	0.747	
乐观	文管类	352	4.140	0.779	-2.166^{*}
	理工类	784	4.249	0.784	
总量表	文管类	352	3.889	0.495	-4.091^{***}
	理工类	784	4.025	0.526	

$*p < 0.05$　　$**p < 0.01$　　$***p < 0.001$

　　由此可见，不同专业师范生在心理资本总量表和其他各个维度上存在显著差异，理工类师范生得分高于文管类师范生，表示理工类师范生的自我效能、复原力、希望和乐观水平普遍高于文管类师范生。

（三）师范生心理资本的年级差异分析

　　对不同年级师范生心理资本及其各维度进行单因子多变量变异数分析。结果如表 3-9。Wilks' Lambda（λ）的 p 值为 0.980，p 值小于 0.05，整体结果达显著，表示不同年级师范生在自我效能、复原力、希望、乐观和心理资本总量表上，至少有一个或多个差异存在。随后进行单因子变异数分析发现，不同年级学生在希望维度和心理资本总量表上存在显著差异。通过事后比较发现，师范生在心理资本总量表和希望维度上存在显著差异：

表 3-9　　　　　　　　**师范生心理资本多变量变异数分析摘要表**

心理资本	年级	平均数	标准差	F 值	scheffe' 事后检验
自我效能	大一（N=416）	3.898	0.828	2.379	
	大二（N=329）	4.011	0.709		
	大三（N=259）	4.012	0.773		
	大四（N=132）	4.062	0.716		
复原力	大一（N=416）	3.660	0.663	1.200	
	大二（N=329）	3.623	0.571		
	大三（N=259）	3.665	0.655		
	大四（N=132）	3.747	0.669		
希望	大一（N=416）	4.085	0.693	4.140 **	
	大二（N=329）	4.147	0.662		大一<大四
	大三（N=259）	4.095	0.775		大三<大四
	大四（N=132）	4.326	0.770		

心理资本	年级	平均数	标准差	F 值	scheffe' 事后检验
乐观	大一（N=416）	4.126	0.827	3.317	
	大二（N=329）	4.272	0.682		
	大三（N=259）	4.230	0.824		
	大四（N=132）	4.327	0.782		
总量表	大一（N=416）	3.930	0.541	3.778**	
	大二（N=329）	3.998	0.455		大一<大四
	大三（N=259）	3.988	0.546		
	大四（N=132）	4.099	0.533		

Wilks' Lambda（λ）= 0.980　　F=1.936　　p=0.026

** $p<0.01$

第一，大一学生与大四学生、大三学生与大四学生在希望维度上存在显著差异（$M_{大一-大四}=-0.241^*$，$M_{大三-大四}=-0.231^*$），也就是表示，大一学生、大三学生在希望维度的得分低于大四学生。

第二，大一学生与大四学生在心理资本总量表上存在显著差异（$M_{大一-大四}=-0.169^*$）。换言之，大一学生在心理资本总量表上的得分显著低于大四学生。

三、小结

整体而言，师范生的心理资本属于中等偏上程度。从不同维度看，师范生所拥有的乐观心理表现较为突出，具有中等以上水平，而复原力的得分相对较低。这表示，虽然师范生对未来充满积极乐观的态度，但是在面对压力和挫折时，心理复原力相对不足，仍有提升空间。在性别差异上，男生在自我效能上高于女生，而在心理资本的其他维度上无显著差异。在专业差异上，理工类师范生的自我效能、复原力、希望、乐观和心理资本总分上均显著高于文管类师范生。在年级差异上，大一学生、大三学生在希望维度的得分显著低于大四学生，大一学生在心理资本总分上显著低于大四学生。然而，在自我效能、复原力和乐观维度上，不同年级的师范生之间未表现出显著差异。

四、讨论

（一）师范生心理资本的基本情况

师范生心理资本得分为 3.982，超过理论平均值 3 分。说明师范生的心理资本整体状况处于中等偏上水平，这一结果与当前学术界对大学生心理资本发展状况的总体认识基本一致。在心理资本的各维度方面，乐观的得分最高，其次依次是希望、自我效能和复原力。整体心理资本较高的可能原因有：第一，18~22 岁的师范生正值青春年华这一生中最美好的时光之一，在其精力旺盛的阶段，除了学习以外，没有过多其他负担，因此，对未来充满期望。第二，大学生是天之骄子，社会对大学生角色的认同和期待与这个年龄段的其他社会青年相比更高，他们的自我效能感相对较高，这可能是影响师范生心理资本的一个重要因素。第三，大学生面对未来较为乐观，师范生作为未来的教师，非常清晰地知道自己未来的职业，虽然面临社会竞争和就业压力，但是有时间去探索尝试，因此心态上相对乐观。

师范生复原力得分偏低的原因有：第一，目前大部分在读师范生是"00 后"。他们出生和成长在物质相对丰富的环境，相较父辈，没有经过大的苦难，而且多为独生子女，生活条件较为优越，导致其遇到挫折时的抗压能力相对较弱。第二，目前现行的学校教育体系中，较少提供复原力的开发和教育，以致学生在遇到挫折后，由于缺乏系统的学校指导和锻炼，在很长一段时间内难以恢复。第三，师范生的人生阅历相对较少，因为没经历过大的磨难，所以在遇到困难和挫折时，比较容易被困难打倒，难以迅速恢复。

综上所述，在师范生心理资本基本情况的研究方面有比较一致的研究结论。

（二）性别与师范生心理资本

本研究发现，师范生在自我效能上有显著差异，且男生的自我效能显著大于女生。而在复原力、希望、乐观和心理资本上，不因性别不同而有所差异。

本研究结果得出，在师范生的心理资本总分上不存在性别差异，过往大学生群体的研究有一部分也得出同样的结论（苏兴、包永堂、段友祥，2013；丁奕、张乐明，2014；李林英、肖雯，2011；王茜，2015；赵涵，2013；许海元，2015；张海静，2013；杜晓静、李慧娟、王智红、沈占波，2014）。在自我效能的分数上存在显著差异，男生的自我效能显著高于女生，此研究结果与秦红霞、张杰、覃冬雪（2013），王茜（2015），李林英、肖雯（2011），黄慧（2014），吕兆华（2014）的研究结论部分相一致，与许海元（2015），韩旸（2012），彭杰、李向阳（2014）的研究结果完全一致。造成不同性别师范生在自我效能上存有差异的原因可能有：第一，社会文化对男女生不同的教养态度和期许，在成长过程中，经由家庭、学校、媒体传播等方方面面的潜在影响，对不同性别的社会角色进行塑造。一般来讲，男性主导的社会文化，希望男性具有的特质是勇敢、自信、坚强、进取的，更多地在公共领域中施展才华；而女性则被期望具有的特质是温柔、顺从、听话的，更多地在私领域发挥作用。因此，这种社会文化可能造成男生的自我效能感高于女生。第二，社会对男性和女性进行成就水平的潜在假设是，男性比女性更具有成功的特质，社会也赋予男性更多探索和犯错的空间，无形中增长了其成功的概率，也进一步增强了男性的自我效能感。

（三）专业与师范生心理资本

本研究发现，师范生在心理资本及其四个维度上皆存在显著差异，且都是理科学生得分大于文科学生。也就是说，理科的学生相对来说更加有自我效能，面对挫折、处理压力时，能够较快地恢复到正常状态，能对未来充满希望和乐观的心态。

此研究结果与李林英、肖雯（2011），秦红霞、张杰、覃冬雪（2013），赵涵（2013），吕兆华（2014）对大学生群体的研究结果部分一致。理科学生的心理资本相对来说更好的原因可能有：第一，社会对理科人才的需求普遍较高，特别是在科技日益发达的背景下，理科教师更具有社会竞争力，这种社会认可增加了理科师范生的职业信心和心理资本，文科师范生的就业范围相对广泛，竞争激烈，可能对其心理资本产生负面影响。第二，理科学生受专业训练的影响，思维方式偏向于理性和逻辑，遇到问题时能更冷静分析并解决，而文科学生更偏向于感性，更容易受心情和外界环境的影响，导致心理资本较理科学生较弱。第三，理科学生的训练基本是问题导向的，其专业学习过程中就是解决一个个问题的过程，这种训练本身有助于不断积累成功经验，增强应对挫折能力，提高心理资本水平，而文科教育较少这种直接的实践训练，使得心理资本无法在专业学习中得到潜移默化的提高。

（四）年级与大学生心理资本

在心理资本的年级差异方面，本研究的结论显示，不同年级的师范生在心理资本上有显著差异，大一学生的心理资本显著低于大四学生；在心理资本的四个维度上，不同年级师范生在希望维度上存在显著差异，大一和大三学生的希望感小于大四学生。

本研究的结果与张海静（2013）、陈旭（2013）、赵涵（2013）、刘少峰（2014）、吕兆华（2014）的研究结果部分一致，但与杨芷英、韩小娟（2017）、吴迪（2017）的研究结果不一致。出现这种结果的可能原因有：第一，大四学生经过大学生活，积累了更多的实践经验和人生阅历，经历过多次的挫折和成长，他们在面对问题时复原力更强，乐观心态更加稳定。而大一和大三学生相对来说，经历较少且应对挫折的经验不足，导致他们在面对未来时信心不足，影响了他们在希望维度上的表现。第二，大四学生面临即将毕业，大多数师范生的职业目标是成为一名教师，明确的职业规划使他们对未来充满希望和信心，因此心理资本整体水平较高。相比之下，大一学生尚处于适应大学生活的阶段，职业目标尚不明确，导致对未来的期望感相对较低，而大三学生也可能处于学业压力较大的阶段，对未来规划感到焦虑，影响了他们的希望感。

第四章　师范生学习投入研究

第一节　学习投入的内涵

一、学习投入的概念

根据《牛津英语词典》（2005）对 engagement 的定义，是指个体对某项活动、任务或目标，付出了很多时间与关注的行为。学习投入的概念由投入（engagement）而来，最早将投入一词应用于学生学习过程的是 Pascarella 与 Terenzini（1991），Kul（2001）则是将此概念真正引入高等教育研究的重要学者。因为学习投入涉及学生学习的诸多层面，众多研究对学习投入的定义也不同。将不同学者的观点整理如表 4-1。

表 4-1　　　　　　　　不同学者对学习投入的概念界定

作者、年代	定　义
Astin（1984）	学习投入是指学生在学习活动中所投入的心理和体力的总和
Newmanm（1992）	学生直接指向学习、理解和掌握知识、技能的心理投资与努力
国际学生评估项目（Program for International Student Assessment）	学习投入是对学习的一般情感和他们对学习活动的参与程度

续表

作者、年代	定 义
Kul（2003，2009）	学习投入是指学生个人在学习中的行为、感觉和思考的历程，最重要的指标是学生致力于具有教育性目标活动所花费的时间与投入的精力，尤其是必须通过与其他人的互动，才能使这教育活动具有意义
Kearsley & Shneiderman（1999）	学习投入包含两个方面：一是学生必须具有主动认知过程的活动；二是学生必须在有意义的学习环境和活动中主动去学习
Schlechty（2011）	学习投入可以说是学生被吸引到学习任务当中，尽管遭遇挑战和阻碍，仍然能够坚持完成，并展现出喜悦的情绪
Schaufeli，Salanova，González-Romá & Bakker（2002）	学习投入是指个体在学习时具有充沛的精力和良好的心理韧性，认识到学习的意义，对学习充满热情，在学习中表现出一种持续的、积极的、充实的精神状态，包括活力（vigor）、奉献（dedication）和专注（absorption）三个特点
Fredricks，Blumenfeld & Paris（2004）	学习投入包括行为（behavior）投入、情绪（emotional）投入和认知（cognitive）投入三个维度

数据来源：研究者自行整理。

综合上述众多文献对学习投入的定义，本研究认为，学习投入包含学生在校学习的各个层面，是学生致力于学校相关学习活动和任务所花费的时间、精力与资源，并从中获得高质量的学习经验的行为和态度。

第二节 学习投入的测量

国内外关于学习投入的维度及测量的研究，根据学习投入维度划分的不同可分为三大类：一是基于 Schaufeli、Salanova、González-Romá 与 Bakker（2002）对学习投入维度划分及量表研究；二是美国"全美大学生学习投入性调查"及应用；三是基于 Fredricks（2004）等人的学习投入维度划分及量表研究。

一、基于 Schaufeli 等人的学习投入维度划分及量表研究

Schaufeli 等人（2002）从工作投入的角度来定义学习投入，以大学生为样本编制了学习投入量表（Utrecht Work Engagement Scale-Student，简称 UWES-S），该量表在工作投入量表（Utrecht Work Engagement Scale，简称 UWES）的基础之上，修订形成了学习投入量表，量表包括活力（vigor）、奉献（dedication）和专注（absorption）三个维度。在学习投入中，活力是指个体具有充沛的精力和良好的心理弹性，有意愿和能力为自己的学业付出努力；奉献是指个体具有强烈的意义感、自豪感以及饱满的学习热情，能够全身心地投入学习，并勇于接受学业中的挑战；专注表现为个体全神贯注于自己的学习，感觉时间过得很快，不愿从学习中脱离出来。量表的活力维度有 5 题，奉献维度有 5 题，专注维度有 6 题，总共 16 题，并对学生学习投入进行了测量，研究表明修订形成的学习投入量表具有良好的信度和效度。方来坛、时勘与张风华（2008）通过修订 Schaufeli 等人编制的学生学习投入量表（UWES-S），形成了中文版的学习投入量表，并检验了其在中国文化背景下的结构和信度、效度，各量表的内部一致性信度为 0.82~0.95，相关系数达显著，并为 0.76~0.77，因素负荷量为 0.42~0.81，具有较好的拟合指标，可以在相关研究中应用。基于修订适合中国大学生的学习投入量表的目的，李西营与黄荣（2010）将基于 Schaufeli 等人开发的学习投入量表（UWES-S）修编成适合我国大学生的学习投入量表，并重新命名了动机、精力和专注三个维度，各量表的内部一致性信度为 0.815~0.919。

二、美国的"全美大学生学习投入性调查"（NSSE）及应用

全美高等教育管理中心与美国印第安纳大学高等教育研究中心和调查研究中心合作研发的"全美大学生学习投入性调查"（National Survey of

Student Engagement，简称 NSSE），逐渐成为高等院校大学生学习投入测量的主要工具，也成为学术界研究学习投入的焦点。Ewell（2006）在介绍全美大学生学习投入性调查（NSSE）时认为，NSSE 初始设立的目标是为大学生、市民、政府官员以及纳税人更好地评估高等院校质量而提供的一种手段。现在越来越多的国家（例如加拿大、澳大利亚以及中国等）开始使用这一调查工具，并据其调查结果为高等院校提高教育质量以及改进管理体制提供建议。

随着调查方法的引进，海蒂·罗斯、罗燕与岑逾豪（2008）介绍了中文版 NSSE-China 量表的五个维度：学习的严格要求程度（LAC）、主动合作学习水平（ACL）、师生互动水平（SFL）、教育经验的丰富程度（EEE）和校园环境支持程度（SCE），信度良好。之后，罗燕，海蒂·罗斯与岑逾豪（2009）从高等教育全球化视角讨论跨文化高等教育测量的重要性，介绍量表汉化的全过程，并进行文化适应与信效度测验。汉化版的量表基本保留了英文版原有的技术指标，经过文化适应后的量表，具有良好的信度和效度。此外，自 NSSE-China 形成以来，大学生学习投入得到了高度的关注，许多学者运用 NSSE-China 量表对中国的高等院校进行数据调查与分析，这对于转变高等教育评价的视角，改善高校管理，提升学生学习投入，提升教育质量具有重大意义。

三、基于 Fredricks 的学习投入维度划分及量表研究

Fredricks（2005）曾对前人的研究进行梳理和总结，并在此基础上编制了学习投入量表，包括行为投入、情感投入和认知投入三个分量表。行为投入是指个体在校期间参加的学业或非学业活动的投入；情感投入指对学业或者他人的积极情感反应及对学校的归属感。认知投入是一种思维训练，包括学生在学习时使用的认知策略和心理资源。其中，行为投入量表有 5 个题项，情感投入量表有 6 个题项，认知投入量表有 8 个题项，每个题项均采取李克特 5 级评分方式。廖友国（2010）开发了大学生的学习投

入量表，包括行为投入（6题）、认知投入（7题）和情绪投入（7题）三个部分，Cronbach α 系数都大于 0.70，重测信度大于 0.8 以上。舒子吁（2009）所开发的大学生学习投入量表，包括学习收益（6题）、自我要求（4题）、专注（4题）、学习计划（5题）、学习态度（4题），分量表的内部一致性信度为 0.762~0.836，信效度较好。Reeve & Tseng（2011）建构了中学生的学习投入量表，分为 4 个维度，动力投入、行为投入、情感投入和认知投入四个方面。林淑惠等人（2012）专门为台湾地区大学生构建了学习投入的量表（Learning Engagement Scale for College Students，简称 LESCS），共 20 题，包括技巧、情感、表现、态度、互动五个维度。

本研究以 Fredricks（2004）等人所提出的学习投入的三维度为参考架构，参考 Fredricks 等人（2005）、Reeve 等人（2011）、林淑惠等人（2012）、舒子吁（2009）等研究工具，重新编制本研究的师范生学习投入测量工具，测量师范生学习投入的状况。行为投入主要考虑师范生的课堂表现、课外参与学习、与教师、同学课堂内外互动等方面的情况；认知投入主要是从学习策略运用的角度来进行考察，涉及师范生在学习活动中所运用的认知策略、学习技巧和资源管理策略的运用；情感投入主要涉及师范生在学习过程中的学习态度、学习兴趣和积极情绪体验等方面。

第三节　师范生学习投入的相关研究

师范生作为国家未来教师的后备军，其在大学期间的学习投入是取得良好的学业成就，获得专业成长的前提，关系着教师队伍建设的质量。目前对师范生群体学习投入的相关研究相对较多，为了在本研究中与其他变量（如成就目标、心理资本等）保持一致，在综述时将研究对象扩大到大学生群体，将相关研究结论整理如表4-2。

表 4-2　　　　　　　　　大学生及师范生学习投入的相关研究

作者、年代	研究对象	部分研究结果
李永占 （2015）	612 名 大学生	男大学生学习投入水平显著高于女大学生 文科生学习投入显著高于理科生 学习投入在年级上也存在显著差异
蔡文伯， 王玲 （2017）	283 名 大学生	性别在学习投入上差异显著，且男生的学习投入显著大于女生 学习投入不受文、理科影响 学习投入受年级的影响，大四的学习投入得分高于其他三个年级
陈芳 （2015）	191 名 大学生	大学生学习投入总体一般，学生在行为上的得分最低，在情感投入上的得分最高 学习投入及其各个因子都存在显著的专业差异。在学习投入和认知投入方面文科高于理科和工科，文科的行为投入高于理科，文科的情感投入高于工科 不同年级的学习投入存在显著差异
付攀 （2016）	626 名 大学生	不同性别学生的专业学习投入水平没有显著差异 非理工类学生的投入水平显著高于理工类学生 不同年级的学生在专业学习投入水平上并无显著差异
韦芳玉 （2014）	224 名 大学生	学生的学习投入呈现中等水平，并呈现出得分差异较大的状况 学生学习投入及各维度得分在年级、专业上不存在显著差异
韩晓玲 （2014）	1538 名 大学生	大学生学习投入总体上处于中下水平，其中学生在认知投入上的得分最低，在情感投入上的得分最高 大学生学习投入水平在性别、学科上存在显著差异 女生的学习投入及其各维度水平高于男生 文科生的学习投入及情感投入水平高于理科学生 大学生在学习投入及其各维度上，都存在显著的年级差异

续表

作者、年代	研究对象	部分研究结果
高丙成（2013）	564 名大学生	大学生的学习投入不存在性别差异 大学生学习投入在专业上差异显著，文科生的学习投入水平高于理科生 大一、大二年级学习投入显著低于大三、大四年级
崔文琴（2013）	1071 名大学生	大学生学习投入整体水平中等偏下 大学生学习投入在性别上存在显著差异，男生的学习投入高于女生的学习投入 不同专业的大学生的学习投入无显著差异
贾晨选（2013）	381 名大学生	女生在行为投入和情感投入上显著大于男生 不同专业的大学生的学习投入不存在显著差异 各年级在行为投入、认知投入、情绪投入三个维度上都不存在显著差异
刘秀娟（2015）	1891 名大学生	大学生情感投入得分最高，认识投入次之，行为投入得分最低
谢睿（2015）	1003 名大学生	大学生专业课学习投入处于中等水平 大学生专业课学习投入在性别上没有显著差异 理工类大学生认知投入与文科类大学生无差异 大学生在学习投入、行为投入和情感投入上存在年级差异
严卫华（2016）	290 名大学生	性别在学习投入上没有显著差异 大学生学习投入在专业上存在差异，理科生的学习投入状况好于文科生 年级因素对学习投入不产生影响
许俊卿、谭英耀、侯雪莹（2014）	2600 名大学生	大学生学习投入情况总体是中等以上水平 女生的行为投入显著高于男生，但在认知投入、情绪投入方面没有显著差异 医科专业学生的行为投入显著高于其他专业学生 文科和理科学生的情感投入显著高于工科和医科学生，工科生的学习投入度最低

续表

作者、年代	研究对象	部分研究结果
廖友国 （2010）	656 名 大学生	大学生学习投入的总体状况一般，行为投入、认知投入和情绪投入三个因子都处在中等水平 学习投入在性别上存在显著差异，女大学生在学习投入、行为投入和情绪投入上都要高于男大学生 学习投入和行为投入在不同专业的大学生之间存在显著差异，医科大学生显著高于与文科及理工科大学生 学习投入在年级上不存在显著差异
杨金玲 （2015）	570 名 大学生	男生与女生间在总体学习投入度上并无显著差异 专业在学习投入上存在显著差异，文科生大于理科学生 学习投入在年级上存在显著差异
何丽明 （2014）	1274 名 大学生	男女大学生的学习投入水平上没有显著差异 不同专业大学生在学习投入上不存在显著差异 不同年级的大学生在学习投入上存在显著差异，且大一学生投入最高
王剑 （2016）	1765 名 大学生	男女生在学习投入三个维度上没有显著差异 不同类别专业在学习投入上没有显著差异 不同年级学生在行为投入及情感投入方面存在显著差异，大一学生得分最高
袁琳， 郑家福， 侯永青 （2022）	3303 名 师范生	师范生学习投入处于中等偏上水平
时珍珍 （2022）	小学教育 483 名 师范生	学习投入得分低于理论中值，学习投入状况不佳 学习投入在不同年级具有显著差异，大一学生学习投入最多，大三学生学习投入最少

续表

作者、年代	研究对象	部分研究结果
潘炳超，李琪，陈慧，滕玲，熊世丹（2018）	165 名师范生	师范生整体的专业课程学习投入度不高 不同性别、专业、年级的师范生学习投入水平并无显著差异
王碧恒，斯建钢（2019）	学前教育373 名师范生	学习投入总体水平高于平均水平 不同年级在学习投入上不存在显著差异
陈红（2021）	1673 名师范生	地方院校师范生的学习投入程度呈中等水平 男生在认知投入上显著高于女生 不同年级师范生在整体学习投入及各维度存在显著差异，随着年级的升高而学习投入递减 不同师范专业学生学习投入存在显著差异

数据来源：研究者自行整理。

综上所述，研究发现，过往研究在背景变量上的研究结果并不一致。在学习投入的性别差异方面，过去有些学者研究发现，女生的学习投入水平高于男生（韩晓玲，2014；廖友国，2010；贾晨选，2013）；但有些研究结果显示，男生的学习投入水平高于女生（李永占，2015；崔文琴，2013；蔡文伯、王玲，2017；陈红，2021）；然而也有研究获知，不同性别学生的学习投入无显著差异（王剑，2016；何丽明，2014；杨金玲，2015；付攀，2016；高丙成，2013；谢睿，2015；严卫华，2016；潘炳超、李琪、陈慧、滕玲、熊世丹，2018）。

在学习投入的专业差异方面，有的研究结果显示，文科生的学习投入水平高于理科学生（李永占，2015；韩晓玲，2014；陈芳，2015；高丙成，

2013；杨金玲，2015）；也有研究发现，理工科学生的学习投入显著高于文科学生（严卫华，2016）；但有研究发现，学习投入在专业上不存在显著差异（韦芳玉，2014；崔文琴，2013；蔡文伯、王玲，2017；王剑，2016；谢睿，2015）；同时，因为研究对象和分类的不同，廖友国（2010）研究发现，医科大学生的学习投入显著高于文科和理科大学生。

在学习投入的年级差异方面，有研究显示，不同年级大学生及师范生在学习投入上不存在显著差异（付攀，2016；韦芳玉，2014；贾晨选，2013；严卫华，2016；廖友国，2010）；也有研究结果显示，不同年级大学生在学习投入上的差异显著（李永占，2015；蔡文伯、王玲，2017；韩晓玲，2014；陈芳，2015；高丙成，2013；杨金玲，2015；何丽明，2014；谢睿，2015；陈红，2021）。这些研究结果的不一致，引起了研究者的兴趣，并试图探讨不同背景变量的师范生在学习投入上的差异到底如何。

第四节　师范生学习投入的量表编制

一、量表开发

本研究以 Fredricks（2005）等人所提出的学习投入的三维度为参考架构，参考 Fredricks 等人（2005）、Reeve 等人（2011）、林淑惠等人（2012）、舒子吁（2009）的研究工具，重新编制本研究的学习投入测量工具，旨在测量师范生学习投入的状况。预试的学习投入量表共分为行为投入、情感投入、认知投入三个维度，共35个题项。初始问卷形成后，为了保证问卷测量的专业性和可理解性，首先，邀请了教育学原理、高等教育学、教育心理学的三位教授从专业的角度对问卷的内容进行讨论和修改，参照本研究对学习投入及各维度的基本含义，根据问卷的设计原则，全面分析了问卷的语言表述和内容效度性，并提出评估意见和建议。然后，研究者又邀请了2位本科生，对问卷题目的可读性和可理解性进行了讨论，并提出意见和建议。根据上述过程得到的反馈，对量表进行了修订，舍弃了部分不符合要求的题目，修改并完善了其中部分题目，从而形成师范生学习投入量表，共计31个题项。采用李克特6点量表计分，选项1至6分分别代表：1代表"非常不符合"、2代表"不符合"、3代表"不太符合"、4代表"有些符合"、代表5"符合"、6代表"非常符合"；计分时，填答"1"者给1分，填答"2"者给2分，以此类推，最高为6分。分数越高，表示受试的学习投入程度越高。

二、预测试数据收集与分析

量表编制完成后，随即进行预试调查。本研究中的预试与第二章师范生成就目标量表调查是一起进行的，因此在数据收集过程中调查对象与第二章成就目标量表的预试调查是一致的，最终得到有效问卷237份。具体样本分布参见第二章表2-4。

（一）项目分析

运用临界比值法来进行项目分析，使用SPSS23进行分析，分析的步骤如下：（1）问卷项目的反向计分；（2）求出问卷的总分；（3）问卷总分按高低排列；（4）找出高低分组上下27%处的分数；（5）根据临界分数将观察值在问卷的得分分成高低两组；（6）以独立样本T-test检验两组在每个项目的差异；（7）将 t 检验结果未达到显著性的项目删除。

（二）探索性因子分析

项目分析后，接着对量表进行探索性因子分析，以验证量表的建构效度。采用探索性因子分析提取变量的公共因子，并用较少的构念来代表较为复杂的数据结构。各维度题目采用主成分分析来估计因素负荷量，采用最大方差法进行正交转轴，以特征值大于1者为选入因素的参考标准。根据 Kaiser 的观点，KMO 值达到 0.70 以上可进行因素分析（吴明隆，2007）。此外，Bartlett 球形检验用于检验题项间的相关系数是否不同且大于 0，显著的球形检验表示相关系数适合做因素分析。师范生学习投入预试量表的 KMO 值达 0.894、Bartlett 检验卡方值为 1932.667，达显著水平，表明该量表适合做因子分析，具体因素负荷量情形参见表 4-3。

表 4-3　　　　"师范生学习投入的预试量表"因素负荷量情形

因素 题项	行为投入	情感投入	认知投入
EC28	**0.881**	0.153	0.145
EC29	**0.834**	0.117	0.135
EC27	**0.818**	0.220	0.110
EC31	**0.693**	0.186	0.298
EC25	**0.600**	0.332	0.142
EB16	0.236	**0.796**	0.271
EB17	0.261	**0.795**	0.306
EB13	0.084	**0.729**	0.111
EB19	0.076	**0.659**	0.160
EB18	0.420	**0.655**	0.290
EB15	0.423	**0.627**	0.085
EA5	0.219	0.089	**0.828**
EA6	0.184	0.206	**0.813**
EA7	0.130	0.265	**0.735**
EA2	0.112	0.245	**0.691**

注：因素负荷量>0.600，以粗体显示。

本研究以主成分分析法进行分析，并以最大方差法进行正交转轴，最终提取出三个因子，依据各因素内因素负荷量小于 0.60 的题项进行删减，经过分析，删除预试量表中的 22、23、24、26、30、8、9、11、12、14、20、21、4、1、10、3 这 16 个题项。三个因子分别为"行为投入""情感投入"与"认知投入"，分别可解释学习投入变异量的 23.883%、

23.092%与18.808%，累积解释变异量为65.783%，显示本量表具有良好的建构效度。其结果如表4-4所示。

表4-4 "师范生学习投入的预试量表"因素分析结果

因素层面	题号	因素负荷量	共同性	特征值	解释变异量%	累计变异量%
行为投入	EC28	0.881	0.820	3.582	23.883	23.883
	EC29	0.834	0.727			
	EC27	0.818	0.729			
	EC31	0.693	0.603			
	EC25	0.600	0.490			
情感投入	EB16	0.796	0.763	3.464	23.092	46.975
	EB17	0.795	0.795			
	EB13	0.729	0.551			
	EB19	0.659	0.465			
	EB18	0.655	0.689			
	EB15	0.627	0.580			
认知投入	EA5	0.828	0.741	2.821	18.808	65.783
	EA6	0.813	0.737			
	EA7	0.735	0.628			
	EA2	0.691	0.550			

（三）信度分析

对探索性因子进行分析后，一般使用内部一致性系数（Cronbach's α系数）来考察各因子的信度。通过分析可知，本研究"师范生学习投入预试量表"的信度分析结果中各维度的 Cronbach's α 系数分别为行为投入0.869、情感投入0.871和认知投入0.822。根据内部一致性判断原则，最低的内部一致性系数要在0.70以上，最好能高于0.80（吴明隆，2007），而本研究整体量表的 Cronbach's α 系数为 0.908，三个维度与总量表的 Cronbach's α 系数皆大于 0.80，可见此预试量表具有良好的信度，量表信度分析结果如表4-5。

表4-5　　　　　"师范生学习投入预试量表"信度分析表

层面	题数	Cronbach's α 值
行为投入	5	0.869
情感投入	6	0.871
认知投入	4	0.822
量表整体	15	0.908

（四）效度分析

本研究基于预试样本所得数据，对师范生学习投入量表及其各维度进行相关探讨，结果显示，量表中各维度间的相关性均达 0.01 的显著水平，且各维度与量表总分的相关皆大于任两个维度间的相关（详见表4-6）。表示各维度间具有良好的相关性与独立性，由此可知，量表具有较好的效度。

表4-6　　　　　"师范生学习投入的预试量表"效度分析表

因素	行为投入	情感投入	认知投入	学习投入
行为投入	1.00			
情感投入	0.567**	1.00		
认知投入	0.449**	0.534**	1.00	
学习投入	0.838**	0.873**	0.746**	1.00

$**\,p<0.01$

三、正式数据收集与分析

本研究正式问卷的发放与回收与师范生成就目标、心理资本的正式问卷一起进行，因此，问卷的调查对象、发放方式、问卷的回收数量等与前述一致，最终得到有效样本 1136 份。样本分布请参考第二章表 2-9。

（一）信度分析

本研究中对 1136 份样本进行分析，得到师范生学习投入总量表的 Cronbach's α 系数为 0.916，三个因素的信度值依次为 0.921、0.920 与 0.907。由此可见，师范生学习投入量表具有良好的内部一致性信度，详见表 4-7。

表 4-7　　　"师范生学习投入量表"各因素的信度值摘要表

因素	题 目 内 容	正式样本 （N＝1136）
行为投入	上课时，我会主动提问，表达自己的观点	0.921
	在课堂讨论的时候，我会踊跃地发表意见	
	我乐于回答老师上课时提出的问题	
	我会积极地参与老师的课题和项目	
	上课时，我总会认真听讲	
情感投入	我觉得学习很有趣	0.920
	学习带给我很多快乐	
	学校是我喜欢的地方之一	
	当我学习时，时间总是不知不觉就过去了	
	在课堂上，我对所学习的内容充满好奇	
	我跟很多老师相处得很愉快	

续表

因素	题 目 内 容	正式样本 （N＝1136）
认知投入	当我学习时，我会试着将我正在学习的内容与我自己的经验联系起来	0.907
	在学习时，我试着将不同的概念统整，并且融会贯通	
	当我学习的时候，我会反思自己是不是真正懂了，而不是仅仅为了得到正确答案	
	如果有的内容难以理解，我会通过各种方法去掌握	
总量表		0.916

（二）效度分析

本研究基于正式样本所得数据，对师范生学习投入量表中的三个因素进行相关探讨，总结发现，量表中各维度间的相关均达 0.01 的显著水平，且各维度与量表总分的相关皆大于任两个维度间的相关，详见表 4-8。表示三个因素间具有良好的相关性与独立性，由此可知，量表具有较好的效度。

表 4-8　　　　　　　"大学生学习投入量表"的效度分析表

因素	行为投入	情感投入	认知投入	学习投入
行为投入	1.00	0.587**	0.594**	0.850**
情感投入		1.00	0.688**	0.890**
认知投入			1.00	0.851**
学习投入				1.00

** $p<0.01$

第五节 师范生学习投入的现状及差异分析

一、师范生学习投入的现状分析

师范生的学习投入及其所包含的三个因素的平均数与标准差结果如表4-9所示。统计结果显示,样本学生学习投入的平均数为3.987,在"不太符合"到"有些符合"之间,以平均值而言,偏向中等以上程度,表示师范生的学习投入水平较高。

表4-9　　　师范生学习投入及其各维度的平均数与标准差

学习投入	样本数	题数	平均数	标准差
行为投入	1136	5	3.667	0.952
情感投入	1136	6	4.176	0.845
认知投入	1136	4	4.103	0.878
总量表	1136	15	3.987	0.770

就学习投入的三个维度来看,师范生在"行为投入"(M=3.667)的平均数均介于"不太符合"到"有些符合"之间,"情感投入"(M=4.176)和"认知投入"(M=4.103)的平均数介于"有些符合"到"符合"之间。其中,以情感投入的得分最高,行为投入得分最低。这表明,在学习投入中,情感投入最多,在行为投入上较为缺乏。

二、师范生学习投入的差异分析

(一)师范生学习投入的性别差异分析

经过Levene检验,不同性别师范生在学习投入、行为投入、情感投入和认知投入的变异数的显著性都大于0.05,表示要从"假设变异数相等"

来解读其数据。性别在情感投入（$F=0.005$，$p=0.944$；$t=1.207$，$p>$0.05）和认知投入（$F=0.066$，$p=0.798$；$t=1.077$，$p>.05$）的得分上不存在显著差异。性别在行为投入（$F=0.009$，$p=0.924$；$t=3.367$，$p<$0.05）和学习投入总量表（$F=0.150$，$p=0.699$；$t=2.243$，$p<0.05$）上存在显著差异，且男生得分显著高于女生，具体结果参见表4-10。

表4-10 师范生学习投入的性别差异分析

学习投入	性别	样本数	平均数	标准差	t 值
行为投入	男生	383	**3.800**	0.961	3.367***
	女生	753	**3.599**	0.941	
情感投入	男生	383	4.219	0.838	1.207
	女生	753	4.155	0.848	
认知投入	男生	383	4.142	0.881	1.077
	女生	753	4.083	0.876	
总量表	男生	383	**4.059**	0.761	2.243*
	女生	753	**3.950**	0.772	

* $p<0.05$ *** $p<0.001$

由此可见，师范生在学习投入方面，男学生的行为投入和总的学习投入显著多于女学生，在情感投入和认知投入上并无显著性别差异。

（二）师范生学习投入的专业差异分析

经过 Levene 检验，不同专业师范生在学习投入、行为投入、情感投入方面的变异数显著性皆大于0.05，表示要从"假设变异数相等"来解读其数据。不同专业师范生的认知投入的变异数显著性小于0.05，要从"不假设变异数相等"来解读其数据。由表4-11可以得知，不同专业学生在行为投入（$F=1.725$，$p=0.189$；$t=0.304$，$p>0.05$）、情感投入（$F=3.587$，$p=.058$；$t=-1.302$，$p>0.05$）和学习投入总量表（$F=1.371$，$p=0.242$；

$t = -1.074$，$p > 0.05$）上不存在显著差异，不同专业学生在认知投入（$F = 5.938$，$p = 0.015$；$t = -2.111$，$p < 0.05$）的得分上存在显著差异，且理工类学生得分高于文管类学生。

表 4-11　　　　　　　　　师范生学习投入的专业差异分析

学习投入	年级	样本数	平均数	标准差	t 值
行为投入	文管类	352	3.680	0.918	0.304
	理工类	784	3.661	0.967	
情感投入	文管类	352	4.127	0.815	-1.302
	理工类	784	4.198	0.857	
认知投入	文管类	352	**4.023**	0.844	-2.111*
	理工类	784	**4.139**	0.890	
总量表	文管类	352	3.950	0.749	-1.074
	理工类	784	4.003	0.779	

* $p < 0.05$

由此可见，不同专业学生在认知投入上存在显著差异，且理工类学生在认知投入上显著高于文管类学生。

（三）师范生学习投入的年级差异分析

对不同年级师范生的学习投入及其各维度进行单因子多变量变异数分析，结果如表 4-12。Wilks' Lambda（λ）的值为 0.985，p 值小于 0.05，整体结果达显著，表示不同年级师范生在行为投入、情感投入、认知投入和学习投入总量表上，至少有一个或多个差异存在。

随后进行单因子变异数分析和事后比较发现，不同年级师范生在行为投入、情感投入、认知投入和学习投入总量表上并不存在显著差异。

表 4-12 师范生学习投入多变量变异数分析摘要表

学习投入	年级	平均数	标准差	F 值
行为投入	大一（N=416）	3.714	0.980	1.157
	大二（N=329）	3.689	0.880	
	大三（N=259）	3.581	1.018	
	大四（N=132）	3.630	0.899	
情感投入	大一（N=416）	4.157	0.831	1.837
	大二（N=329）	4.180	0.792	
	大三（N=259）	4.124	0.905	
	大四（N=132）	4.328	0.882	
认知投入	大一（N=416）	4.067	0.879	0.483
	大二（N=329）	4.132	0.868	
	大三（N=259）	4.100	0.908	
	大四（N=132）	4.150	0.842	
总量表	大一（N=416）	3.985	0.776	0.695
	大二（N=329）	4.003	0.730	
	大三（N=259）	3.937	0.812	
	大四（N=132）	4.048	0.761	
Wilks' Lambda $(\lambda) = 0.985$ $F = 1.953$ $p = 0.041$				

三、小结

整体而言，师范生的学习投入处于中等偏上水平。从不同维度来看，师范生在情感投入和认知投入上表现较好，但是行为投入不够理想。在性别差异方面，男生在行为投入和总的学习投入上优于女生。在专业差异方面，理工类学生在认知投入上要低于文管类专业学生。在年级差异方面，不同年级师范生在学习投入各维度和总体学习投入上均未表现出显著差异。

四、讨论

本研究收集了广东省普通本科师范院校非公费师范生学习投入的测量数据，并对性别、专业和年级背景变量进行了分析。研究发现，师范生在性别、专业和年级背景变量上，有部分差异存在，针对这些差异，本研究进行进一步讨论与分析。

（一）师范生学习投入的基本情况

师范生学习投入得分为 3.987，超过理论平均值 3 分。这说明师范生的学习投入整体状况处于中等偏上水平。在学习投入各维度方面，师范生情感投入的得分最高，行为投入的得分最低。这与刘秀娟（2015）、陈芳（2015）、廖友国（2014）等人对大学生群体的研究结果一致，与袁琳、郑家福、侯永青（2022）的研究结果近似。即师范生能够体会到学习的乐趣，喜欢在校的学习时光，但是这种情感上的积极难以转化为实际的学习行为，导致行为投入滞后于认知和情感投入。造成这一结果的原因可能是，进入大学后，家长和学校对大学生的管理减少，大学生拥有更多自由支配的时间。虽然对学习充满正面积极情感，但还未形成较好的自我管理和约束的能力，普遍缺乏自制能力。陈红（2021）的研究认为，师范生的学习投入状况在中等或中等偏下水平，学习投入情况不太乐观，造成研究有差异的原因可能是由于研究工具和研究对象的不同有关。

（二）性别与师范生学习投入

本研究发现，师范生的学习投入在性别方面存在显著差异，且男生的学习投入显著高于女生。在各维度上，行为投入有显著差异，男生的行为投入水平显著高于女生。

过往研究中，李永占（2015）、蔡文伯、王玲（2017）、崔文琴（2013）对大学生群体的研究结果一致，在行为投入上，男生高于女生。造成这种结果的原因可能是：第一，男生相对来说逻辑能力比女生要强，因此更容易形成良好的学习状态。第二，Schaufeli（2002）指出，学生的学业自我效能感越高，其学习投入也越高。因此，造成男生的学习投入高于女生。前述的研究结果显示，男生的自我效能感显著优于女生，这种差异，可能会影响学生的学习投入。第三，男生一旦投入学习中，其专注度更高，不易受外界影响，而女生较容易受到外界影响，造成其学习投入有差异。第四，受就业压力和生存压力的影响，男性相对来说经济压力更大，特别是一些原生家庭经济条件不佳的学生。其只有更多地投入学习，积攒能量，锻炼能力，才能在未来社会上占有一席之地。

（三）专业与师范生学习投入

本研究的结论显示，不同专业学生在学习投入、行为投入和情感投入上并无显著差异，在认知投入上存在显著差异，且理科专业的学生的认知投入显著高于文科学生。造成认知投入差异的原因可能是，理科学生的大学课业相对文科学生来讲基础知识多，内容逻辑性强，理科学生更需要通过各种方法掌握，并且要能运用深层学习策略，来加强对学习的理解和记忆，因此，在认知投入上会有所差异。本研究结果与过往的研究有所不同，可能原因是与测量工具、被试所在地区等因素有关，这些不同有可能影响到研究结果的不同。

（四）年级与师范生学习投入

本研究结果显示，师范生学习投入及其各维度上不存在年级差异。过往对大学生群体的研究也有相同研究结果（付攀，2016；贾晨选，2013；严卫华，2016；廖友国，2010）。但是通过平均数来看，不同年级学生在学习投入上的得分还是有所不同。表现为大一学生的学习投入偏低，随后大二的学习投入升高，大三的学习投入又有所降低，大四随之又有所升高。出现这种现象的可能原因如下：大一学生刚入大学，虽然有高中阶段的学习习惯，但是由于高考压力减轻，一些学生认为可以不用像高中一样刻苦学习了，从而导致学习投入稍低；到了大二学生逐渐适应了大学的学习环境，明晰了学习要求，认识到许多评优、奖学金等与学业表现密切相关，为了获得评优的机会，学习投入有所增加；大三学生较多地为未来选择继续升学、就业还是创业等思考，不少学生在思想上处于迷茫状态，因此学习投入有所下降；大四学生面临毕业及就业压力，由于不少学生所接受的正式的学校教育可能止于大学毕业，因此更加珍惜在学校的学习时间，因此学习投入有所上升，尤其是在情感投入上的得分偏高，表现出对学习的积极情感。

第五章 师范生学习收获的研究

第一节 学习收获的内涵

学习收获（Learning outcomes），也被译为学习产出、学习结果，是对学习收益和教育产出的衡量。学习收获的概念源于心理学，一直以来不少心理学家试图对其进行分类，如 Gagne 将学习收获分为认知、态度、技能三大维度，具体包括认知策略、智慧技能、动作技能、言语信息和态度五类。20 世纪末，学习收获的概念被引入教育领域，教育者认识到，衡量学生的学习成果不仅限于考试成绩，还需要关注学生在知识、技能和态度方面的发展。后来，美国逐渐重视学生学习收获的评估，其已成为高等教育人才培养评价研究的重要指标。

对于学习收获，不同学者有着不同的定义。美国高等教育认证委员会（Council for Higher Education Accreditation，CHEA）认为，严格来说，学生的学习收获应当被定义为学习者在完成一定阶段的高等教育之后，在知识、技能和能力等方面取得的收获。欧洲跨国评价计划（Transnational European Evaluation Project，TEEP）认为，学习收获是一名学生经历一段学习过程后所应具备的能力。而能力的内涵在欧洲结构调整计划中得到了阐释，主要包括三个层次的属性：一是掌握和理解（knowing and understanding），即学生知晓和理解一个学科领域的理论知识的能力；二是知道如何做（knowing how to act），即学生能够将知识应用于实际；三是知道如何生存（knowing how to be），指价值观的体现，即在社会背景中与人相处的方法等因素的整合。这些属性与知识、知识的应用、态度、技能和责任有关。

Ernest、Pascarella、Patrick 与 Terenzini（2005）等人认为，学习收获指由学习而导致个人的转变和收益。这样的转变和收益是由高等教育经验所导致的，而不是由通常的个人发展、社会性成熟和其他非高等教育机构的影响所导致的。

Kuh 与 Hu（2001）提出，学习收获是作为衡量培养学生质量的评价标准，是指对学生在完成一系列课程或者培养计划之后，能够证明自己在知识、技能以及价值观念上具备了应有的能力。黄海涛（2010）认为，学习成果是学生经过学习后，知识、技能、态度和情感以及习得的能力所得到的增长。

早期有关学习收获的评价，基本上是以学生的学科考试成绩或标准测验成绩等认知结果作为产出指标，但这一评价方式越来越受到批判。从已有文献看，学习收获的指标已不再局限于单纯的学习成绩，教育的目的除了知识传递之外，还包括其他能力的发展，如终身学习及未来生活所必需的可迁移能力、以综合的学科成绩为代表的智力发展、社会性行为和实践能力等。大学的使命，不仅仅是帮助学生获得知识和技能，更包括对学生情感、态度和价值观的影响，这种非认知结果目标的达成，不仅来自课堂教学，更经由大学里的各项课外活动、及人际交往等方式实现。

尽管学界对学习收获概念的表述不一，但其本质上关注的都是学习者在完成了某一学习阶段后，在知识、技能及价值观等方面的收获。因此，本研究将师范生的学习收获定义为：师范生经过学习后获得的能力，包括学生在完成了一系列培养计划之后所获得的专业知识、应用技能和价值观方面的发展。

第二节 学习收获的测量

如前所述，早期的学习收获评价往往侧重学生掌握知识的情况，通常以学生的学科考试成绩或标准测验成绩等结果作为学习收获的指标。底特利希·本纳与彭正梅（2009）认为，教育的目的除了知识传递之外，还包括培养成长中的一代的判断能力和参与能力：对于不同的知识形式的判断能力，对于经济的、道德的、政治的、教育的、审美的和宗教的话语和决策过程的参与能力。因此一些学者提出通过引入自我评价的方式，通过发放问卷的方式，间接地评估大学生学习收获。目前大部分的研究是采用自陈式量表，学生通过自我评估课内外学习、活动的参与情况，以及自我感受到的个体发展和收获情况，间接地对大学生学习过程和结果进行评价。

在当前美国高教评估界，比较有代表性的自陈式量表包括：《CIRP 新生调查》（CIRP Freshman Survey，简称 CIRP-FS）、《CIRP 大四学生调查》（CIRP College Senior Survey，简称 CIRP-CSS）、《大学生就读经验调查》（The College Student Experiences Questionnaire，简称 CSEQ）、《美国大学生学习性投入调查》（National Survey of Student Engagement，简称 NSSE）、《加州大学本科生就读经验调查》（University of California Undergraduate Experience Survey，简称 UCUES）等。这些自陈式量表中，学生的背景特征、院校组织特征、学生参与经历、学生的发展和收获是经常涉及的内容。

国内对大学生学习收获的研究，始于对高等教育质量下滑的担忧。随着高等教育的大众化，教育质量问题日益成为学术界及社会广泛关注且备受质疑的话题。关于大学生的学习收获的研究，主要有两大类型：一类是清华大学教育研究院史静寰教授等针对"美国大学生学习性投入调查（NSSE）"进行中国化后形成的"中国大学生学习性投入调查量表（NSSE-China）"，并对清华大学等高等院校不同特质的学生在学习性投入和学习过程方面进行了专题研究，以学生投入测评结果为依据，寻找我国大学本科教育方法存在的问题及解决思路，获得许多有价值的研究成果；另一类则是由厦门大学史秋衡教授团队关于"国家大学生学习情况调查（NCSS）"，课题组自主设计调查量表，开展全国大学生学情调查。在这两类全国性的调查中，都包含了通过学生自陈的方式进行的学习收获量表调查。

鉴于厦门大学对学习收获的评价指标与本研究所界定的学习收获的含

义相近，且信度高、题项精简，且为自陈式量表的方式，对研究者来说较容易收集到资料。因此，本研究修订厦门大学"大学生学习情况调查研究"（AIA100007）课题组开发设计的"大学生学习情况调查"量表中关于大学生学习收获的子量表，作为做本研究的测量师范生学习收获的工具。

第三节 师范生学习收获的相关研究

学习的过程非常复杂，学生在学习中获得了哪些知识、能力、情感态度和价值观等方面的收获等都被认为是学习收获，学业成绩通常被视为衡量学生学习收获在知识和能力方面进步的重要指标。然而，简单地把学生的学业成绩，特别是大学阶段学生的学业成绩作为评估学习收获的标准是不够全面的。

国内目前对学习收获的研究大部分是以中小学为研究对象，针对师范生群体学习收获的专门性调查不多，因此在综述时将研究对象扩大到大学生群体。符合本研究中对学习收获定义的研究主要有两类：一类是基于NSSE-China 量表、NCSS 量表进行大规模调查产生的研究成果；另一类是以大学生学业成就、学习绩效为测量方式，来评估其学习收获和表现。针对有关研究结果整理如表 5-1 所示。

表 5-1　　　　　　　大学生及师范生学习收获的相关研究

作者年代	研究对象	相 关 结 论
王芳 （2014）	59017 名 大学生	男生和女生在性别、总体学习收获上的统计检验呈现差异不显著 不同学科类型的大学生在总体学习收获和学习收获各维度均存在显著差异，文史哲学科学生的均值显著低于其他三类学科学生的均值 不同年级的学生在总体学习收获上存在显著差异。大四学生学习收获的均值显著高于其他年级学生的均值

续表

作者年代	研究对象	相 关 结 论
刘蕾 （2014）	902 名 大学生	不同专业学生的学习收获存在显著差异，文科生的学习收获显著低于工科学生和医科学生
		不同年级学生在学习收获上存在显著差异，大一学生的学习收获显著高于大二学生，大三学生学习收获显著高于大二学生
王威威 （2015）	2391 名 大学生	男女生在教育收获上无显著差异
		不同专业大学生的学习收获无显著差异
		大学生的学习收获在整个大学学习过程中逐渐递增
王茜 （2015）	623 名 大学生	不同性别的大学生在教育收获上无显著差异
		不同专业的学生在教育收获得分上存在显著差异
		不同年级的学生在教育收获得分上存在显著差异，大四学生的教育收获及各维度得分均高于其他年级学生
唐浩霖 （2015）	100 名 大学生	不同性别学生在学习收获总分上无显著差异
		不同年级学生的学习收获及其各维度都没有显著差异
许长勇 （2013）	1693 名 大学生	性别的差异在学习收获的总分上不显著
		在大学生学习收获上，理科学生高于哲学学生
		在应用技能维度上，大四学生得分显著高于大一、大三学生，大一至大三学生间得分差异不显著
李宪印， 杨娜， 刘钟毓 （2016）	939 名 大学生	男女生之间的学业成就存在显著差异，且女生的学业成就总体水平明显高于男生
		从学业成就总体来看，理工类学生与文史类学生和其他专业类别学生存在显著差异，文史类学生与经管类学生存在显著差异
杨晓超 （2019）	646 名 师范生	绝大部分师范生的学习收获处于中等水平
刘莹莹 （2023）	1006 名 师范生	师范生学习收获整体处于中等水平
		不同性别师范生不存在显著差异

数据来源：研究者自行整理。

从已有文献来看，国外学者对大学生学习收获的研究已经取得了丰硕的成果，但是国内学者对师范生学习收获的研究仍然较少，而且研究结论不甚一致。在学习收获的性别差异方面，多数研究结果显示，大学生及师范生学习收获在性别方面没有显著差异（王芳，2014；许长勇，2013；王茜，2015；王威威，2016；刘莹莹，2023）。也有少数研究得出不一样的结论（李宪印、杨娜、刘钟毓，2016）。

在学习收获的专业差异方面，有些研究结果显示，不同专业的大学生在学习收获上有显著差异（王芳，2014；许长勇，2013；王茜，2015；李宪印、杨娜、刘钟毓，2016；刘蕾，2014）。王威威（2016）的研究显示大学生的教育收获在不同学科学生的表现上无显著差异。

在年级差异方面，有研究显示，不同年级的学生在总体学习收获上存在显著差异，大四学生学习收获最高（王芳，2014；王茜，2015；王威威，2016）。也有研究结论显示，大学生的学习收获不存在显著差异（唐浩霖，2015）。基于研究结论不同以及对师范生研究的不足，需要更深入的研究和探讨。

第四节　师范生学习收获量表的编制

一、量表开发

本研究预试所采用的学习收获量表，修编自厦门大学"大学生学习情况调查研究"（AIA100007）课题组开发设计的"大学生学习情况调查"量表中关于大学生学习收获的子量表为架构，原量表包含"认知收获""技能收获"和"情感态度价值观"三个层面，另外自行设计了部分学习收获题目，形成初步量表。初始问卷形成后，为了保证问卷测量的专业性和可理解性，首先，邀请了教育学原理、高等教育学、教育心理学的三位教授从专业的角度对问卷的内容进行讨论和修改，他们参照本研究给出的学习收获各维度的基本含义，根据问卷的设计原则，全面分析了问卷的语言表述和内容效度性，并提出评估意见和建议。然后，研究者又邀请了两位本科生，对问卷题目的可读性和可理解性进行了讨论，并提出意见和建议。根据上述过程得到的反馈，我们对量表进行了修订，舍弃了部分不符合要求的题目，修改并完善了其中部分题目，从而形成师范生学习收获量表，共计 13 个题项。采用李克特 6 点量表计分，1 代表"非常不符合"、2 代表"不符合"、3 代表"不太符合"、4 代表"有些符合"、5 代表"符合"、6 代表"非常符合"；计分时，填答"1"者给 1 分，填答"2"者给 2 分，以此类推，最高为 6 分。分数越高，表示受试者的学习收获越大。

二、预测试数据收集与分析

量表编制完成后，随即进行预试。共发放预试量表 300 份，回收量表 300 份，有效量表共 237 份。预试的主要目的是针对本研究所编制的师范生学习收获量表进行初步的信、效度分析与可行性评估，以了解量表中各题项的适切性，并进行修改，作为正式量表进行施测。预试样本与师范生成就目标量表、学习投入量表一致。具体样本分布参见第二章表 2-4。

（一）项目分析

运用临界比值法来进行项目分析，使用 SPSS23 进行分析，分析的步骤如下：（1）问卷项目的反向计分；（2）求出问卷的总分；（3）问卷总分按高低排列；（4）找出高低分组上下 27%处的分数；（5）根据临界分数将观察值在问卷的得分分成高低两组；（6）以独立样本 T-test 检验两组在每个项目的差异；（7）将 t 检验结果未达到显著性的项目删除。

（二）探索性因子分析

项目分析后，接着对量表进行探索性因子分析，以验证量表的建构效度。采用探索性因子分析提取变量的公共因子，并用较少的构念来代表较为复杂的数据结构。各层面题目采用主成分分析来估计因素负荷量，采用最大方差法进行正交转轴，以特征值大于 1 者为选入因素的参考标准。根据 Kaiser 的观点，KMO 值达到 0.70 以上可进行因素分析（吴明隆，2007）。此外，Bartlett 球形检验用来检验题项间的相关系数是否不同且大于 0，显著的球形检验表示相关系数适合做因素分析。师范生学习收获量表的 KMO 值达 0.919、Bartlett 检验卡方值为 1775.977，达显著水平，表明该量表适合做因素分析，具体因素负荷量情形参见表 5-2。

表 5-2　　　　"师范生学习收获的预试量表" 因素负荷量情形

题项因素	专业收获	应用收获	价值观收获
OA2	**0.818**	0.298	0.243
OA1	**0.773**	0.317	0.096
OA3	**0.763**	0.294	0.219
OB5	**0.717**	0.100	0.454
OB4	**0.717**	0.228	0.444
OC10	0.162	**0.835**	0.337
OC9	0.268	**0.813**	0.223
OC11	0.426	**0.741**	0.118
OC12	0.287	**0.615**	0.430
OB6	0.288	0.187	**0.796**
OB8	0.138	0.338	**0.719**
OB7	0.363	0.258	**0.714**

注：因素负荷量>0.600，以粗体显示。

以主成分分析法进行分析，以最大方差法进行正交转轴，最终提取三个因子，依据各因素内因素负荷量小于 0.60 的题项进行删减，经过分析，删除预试量表中的第 13 题。第一个因素含括 2、1、3、5、4 题（原量表含括 2、3 题，为认知收获），第二个因素含括 10、9、11、12 题（原量表含括 11、9、10、12、13 题，为技能收获），第三个因素含括 6、8、7 题（原量表含括 6、7、8、5、4 题，为情感态度价值观收获）。根据研究需要，本研究将预试量表因素分析后题项重新归类为三个维度，并对其重新命名，第一个因素命名为"专业收获"，第二个因素命名为"应用收获"，第三个因素命名为"价值观收获"，分别可解释学习收获变异量的28.936%、23.649%与21.190%，累积解释变异量为73.775%，显示本量表具有良好的建构效度。其结果如表5-3所示。

表5-3   "师范生学习收获预试量表"因素分析结果

因素层面	题号	因素负荷量	共同性	特征值	解释变异量%	累计变异量%
专业收获	OA2	0.818	0.817	3.472	28.936	28.936
	OA1	0.773	0.708			
	OA3	0.763	0.716			
	OB5	0.717	0.731			
	OB4	0.717	0.763			
应用收获	OC10	0.835	0.836	2.838	23.649	52.585
	OC9	0.813	0.783			
	OC11	0.741	0.744			
	OC12	0.615	0.645			
价值观收获	OB6	0.796	0.752	2.543	21.190	73.775
	OB8	0.787	0.649			
	OB7	0.757	0.708			

（三）信度分析

探索性因子分析后，一般使用内部一致性系数（Cronbach's α系数）来考察各因子的信度。通过分析可知，本研究"学习收获预试量表"经因素分析删除不适题项后，得12个题项，形成正式量表。三个因子"专业收获""应用收获"和"价值观收获"的Cronbach's α系数分别为0.905、0.876与0.787，具有良好的信度指标。根据内部一致性判断原则，最低的内部一致性系数要在 0.70 以上，最好能高于 0.80（吴明隆，2007），而本研究学习收获总量表及三个维度的 Cronbach's α 系数为 0.929，三个因子与量表整体的 Cronbach's α 系数皆大于 0.80，基于以上标准，师范生学习收获预试量表具有良好的信度，量表信度分析结果如表 5-4。

表 5-4　　　"师范生学习收获的预试量表" 信度分析一览表

层面	题数	Cronbach's α 值
专业收获	5	0.905
应用收获	4	0.876
价值观收获	3	0.787
总量表	12	0.929

（四）效度分析

本研究根据预试样本所得数据，对师范生学习收获量表及其各维度进行相关探讨，结果显示，量表中各维度间的相关均达 0.01 显著水平，且各维度与量表总分的相关皆大于任两个维度间的相关，详见表 5-5。表示各维度间具有良好的相关性与独立性，由此可知，量表具有较好的效度。

表 5-5　　　"师范生学习收获预试量表" 效度分析表

因素	专业收获	应用收获	价值观收获	学习收获
专业收获	1.00			
应用收获	0.669**	1.00		
价值观收获	0.662**	0.647**	1.00	
学习收获	0.914**	0.875**	0.836**	1.00

** $p < 0.01$

三、正式数据收集与分析

本研究正式问卷的发放与回收与师范生成就目标、学习投入、心理资本正式问卷一起进行，因此，问卷的调查对象、发放方式、问卷的回收数量等与前述一致，最终得到有效样本 1136 份。样本分布请参考第二章表2-9。

（一）信度分析

本研究对 1136 份样本进行分析，得到师范生学习收获总量表的Cronbach's α 系数为 0.930，三个因子的信度值依次为 0.857 、0.857 与0.828。根据内部一致性判断原则，最低的内部一致性系数要在 0.70 以上，最好能高于 0.80 （吴明隆，2007），可见此正式量表具有良好的信度，量表题目及信度分析结果如表5-6。

表5-6　　"师范生学习收获量表"各因素的信度值摘要表

因素	题 目 内 容	正式样本（N=1136）
专业收获	通过大学的学习，我具备了所学专业的实践操作技能	0.857
	总体来讲，读大学让我收获很大	
	通过大学的学习，我掌握了所学专业的前沿知识	
	通过大学的学习，我能更加有效地进行自主学习	
	通过大学的学习，我形成了自己的价值观和世界观	
应用收获	通过大学的学习，我能更好地与他人进行团队合作	0.857
	通过大学的学习，我能更好地与他人沟通	
	通过大学的学习，我能更清楚和有效地表达我的想法	
	通过大学的学习，我具备了信息搜索与处理能力	

续表

因素	题 目 内 容	正式样本 （N = 1136）
价值观收获	通过大学的学习，我的批判性思维得到了发展 通过大学的学习，我能更好地理解不同背景（文化、民族、家庭、性别、信仰等）的人 通过大学的学习，我对自己的认识更加深入了	0.828
总量表		0.930

（二）效度分析

本研究根据正式样本所得数据，对师范生学习收获量表中的三个因素进行相关探讨，总结发现，量表中各维度间的相关均达 0.01 的显著水平，且各维度与量表总分的相关皆大于任两个维度间的相关（详见表 5-7），表示三个因素间具有良好的相关性与独立性，由此可知，量表具有较好的效度。

表 5-7　　　　　"师范生学习收获量表"效度分析表

因素	专业收获	应用收获	价值观收获	学习收获
专业收获	1.00	0.748[**]	0.678[**]	0.916[**]
应用收获		1.00	0.788[**]	0.926[**]
价值观收获			1.00	0.878[**]
学习收获				1.00

** $p < 0.01$

第五节　师范生学习收获的现状及差异分析

一、师范生学习收获的现状分析

师范生的学习收获及其所包含的三个因素的平均数与标准差结果如表

5-8所示。统计结果显示，样本学生学习收获的平均数为4.386，在"有些符合"到"符合"之间，以平均值而言，偏向中等偏上程度，表示师范生的学习收获水平良好。

就学习收获的三个维度来看，师范生在"专业收获"（M=4.250）、"应用收获"（M=4.478）和"价值观收获"（M=4.491）的平均数均介于"有些符合"到"符合"之间，其中，以价值观收获的得分最高，应用收获得分最低。这表明，在师范生的学习收获中，价值观收获非常显著，而在应用收获上相对薄弱。

表5-8　　　师范生学习收获及其各维度的平均数与标准差

学习收获	样本数	题数	平均数	标准差
专业收获	1136	5	4.250	0.828
应用收获	1136	4	4.478	0.838
价值观收获	1136	3	4.491	0.887
总量表	1136	12	4.386	0.769

二、师范生学习收获的差异分析

（一）师范生学习收获的性别差异分析

经过Levene检验，不同性别师范生在学习收获、专业收获和应用收获的变异数的显著性都大于0.05，表示要从"假设变异数相等"来解读其数据。不同性别师范生的价值观收获的变异数的显著性小于0.05，要从"不假设变异数相等"来解读其数据。性别在专业收获（$F=0.260$，$p=0.610$；$t=0.772$，$p>0.05$）、应用收获（$F=1.797$，$p=0.180$；$t=-0.616$，$p>0.05$）、价值观收获（$F=7.874$，$p=0.005$；$t=-0.807$，$p>0.05$）和学习收获总量表（$F=2.100$，$p=0.148$；$t=-0.121$，$p>0.05$）的得分上不存在显著差异。具体结果参见表5-9。

表5-9　　　　　　　　　　师范生学习收获的性别差异分析

学习收获	性别	样本数	平均数	标准差	t 值
专业收获	男生	383	4.277	0.844	0.772
	女生	753	4.237	0.820	
应用收获	男生	383	4.456	0.884	−0.616
	女生	753	4.489	0.814	
价值观收获	男生	383	4.460	0.965	−0.807
	女生	753	4.506	0.845	
总量表	男生	383	4.382	0.808	−0.121
	女生	753	4.388	0.750	

（二）师范生学习收获的专业差异分析

经过 Levene 检验，不同专业师范生在学习收获、专业收获、应用收获和价值观收获的变异数显著性皆大于 0.05，表示要从"假设变异数相等"来解读其数据。具体结果参见表5-10。

表5-10　　　　　　　　　师范生学习收获的专业差异分析

学习收获	专业	样本数	平均数	标准差	t 值
专业收获	文管类	352	4.200	0.832	−1.369
	理工类	784	4.273	0.826	
应用收获	文管类	352	4.466	0.838	−0.319
	理工类	784	4.483	0.839	
价值观收获	文管类	352	4.429	0.883	−1.570
	理工类	784	4.518	0.888	
总量表	文管类	352	4.346	0.756	−1.182
	理工类	784	4.404	0.775	

不同专业师范生在专业收获（$F = 0.057$，$p = 0.812$；$t = -1.369$，$p > 0.05$）、应用收获（$F = 1.265$，$p = 0.261$；$t = -0.319$，$p > 0.05$）、价值观收获（$F = 0.825$，$p = 0.364$；$t = -1.570$，$p > 0.05$）和学习收获总量表（$F = 1.978$，$p = 0.160$；$t = -1.182$，$p > 0.05$）的得分上不存在显著差异。

（三）师范生学习收获的年级差异分析

对不同年级师范生的学习收获及其各维度进行单因子多变量变异数分析。结果如表 5-11。

表 5-11　　　　师范生学习收获多变量变异数分析摘要表

学习收获	年级	平均数	标准差	F	scheffe' 事后检验
专业收获	大一（N=416）	4.277	0.870	4.365**	大二<大四 大三<大四
	大二（N=329）	4.174	0.737		
	大三（N=259）	4.196	0.866		
	大四（N=132）	4.462	0.796		
应用收获	大一（N=416）	4.475	0.842	2.646*	大二<大四
	大二（N=329）	4.409	0.783		
	大三（N=259）	4.482	0.902		
	大四（N=132）	4.652	0.814		
价值观收获	大一（N=416）	4.497	0.902	2.978*	
	大二（N=329）	4.445	0.791		
	大三（N=259）	4.435	0.981		
	大四（N=132）	4.694	0.850		
总量表	大一（N=416）	4.398	0.793	3.946	大二<大四 大三<大四
	大二（N=329）	4.320	0.696		
	大三（N=259）	4.351	0.816		
	大四（N=132）	4.583	0.746		
Wilks' Lambda（λ）= 0.984　　$F = 2.086$　　$p = 0.028$					

* $p < 0.05$　　** $p < 0.01$　　*** $p < 0.001$

Wilks' Lambda（λ）值为 0.984，其 p 值小于 0.05，整体结果达显著，表示不同年级师范生在专业收获、应用收获、价值观收获和学习收获总量表上，至少有一个或多个差异存在。随后进行单因子变异数分析发现，不同年级师范生在专业收获、应用收获、价值观收获和学习收获总量表上皆存在显著差异。通过事后比较发现，师范生在专业收获、应用收获和学习收获总量表上存在显著差异：

第一，大二与大四、大三与大四的师范生在专业收获层面上存在显著差异（$M_{大二-大四}=-0.288^*$，$M_{大三-大四}=-0.266^*$），也就是说，大二、大三学生在专业收获层面的得分低于大四学生。

第二，大二与大四师范生在应用收获上存在显著差异（$M_{大二-大四}=-0.243^*$），换言之，大二学生在应用收获上的得分显著低于大四学生。

第三，大二与大四、大三与大四的师范生在学习收获总量表上存在显著差异（$M_{大二-大四}=-0.263^*$，$M_{大三-大四}=-0.232^*$）。也就是表示，大二、大三学生在学习收获总量表的得分低于大四学生。

三、小结

整体而言，师范生的学习收获较好。在读大学期间，师范生的学习收获均取得了较好成效，并且专业收获、应用收获和价值观收获都得分较高，相对来说，专业收获的得分相对较低，价值观的收获得分相对较高。

在性别和专业上，学习收获及其各维度都不存在显著差异。不同年级师范生在专业收获、应用收获和学习收获总量表上存在显著差异。具体而言，大二、大三学生在专业收获和学习收获总量表上的得分低于大四学生，大二学生在应用收获上的得分显著低于大四学生。而在价值观收获上，不同年级学生之间没有显著差异。

四、讨论

本研究收集了有关广东省普通本科师范院校非公费师范生学习收获的测量数据，并对性别、专业和年级背景变量的差异进行分析。针对研究结果进行进一步讨论如下。

（一）师范生学习收获的基本情况

师范生学习收获得分为 4.386，超过理论平均值 3 分，说明师范生的学习收获整体状况处于中等偏上水平。过往研究中，也有些研究得出大学生和师范生的总体学习收获状态良好的结论（王芳，2014；谢睿，2015；杨晓超，2019；刘莹莹，2023），表示学生普遍认为大学教育对自身成长帮助很大，他们能够在大学生活中感受到专业知识的收获、应用技能上的提升和价值观念上的转变。说明学生认同在大学阶段学校提供的丰富学习资源，如课程设置、师资配置、实践机会等，这为师范生的全面发展提供了强有力的支持，使得学生在学习收获上的评价偏向积极的状态。

（二）性别与师范生学习收获

本研究发现，师范生的学习收获及其各维度在性别上没有显著差异。在过往研究中，大部分研究结果与本研究的结果一致（王芳，2014；许长勇，2013；王茜，2015；王威威，2016；刘莹莹，2023）。虽然在学习收获及其各维度上不存在显著差异，但从男女学生学习收获及其各维度平均得分上看，在专业收获上，男生的收获略大，在应用收获和价值观收获上，女生的收获略大，但在学习收获的平均得分上，男女师范生的学习收获几乎相同。造成这种结果的原因可能是：虽然性别不同有天然的生理结构的不同和后天社会期许的差异，但在学习收获自我评量方面，不同性别的师范生所获得的感受是相同的，不受生理因素和性别期许的影响。

（三）专业与师范生学习收获

本研究发现，师范生的学习收获及其各维度在专业上没有显著差异。过往研究中，王威威（2006）的研究结果与本研究结果一致。造成这种结果的原因可能是：虽然所学的专业不同，但是除了专业学习之外，大学校园为学生提供了丰富多元的锻炼平台，如社团、创新创业中心、工作实习、志愿服务、竞赛比赛等，能够多方面锻炼师范生的素质和能力，学生在参加各种实践活动的过程中，积极开拓视野，增加人际交流，获得了技能和价值观上的收获，因此，在学习收获上及其各维度上没有显著差异存在。

（四）年级与师范生学习收获

本研究发现，师范生在学习收获上存在显著差异，大四学生的学习收获显著高于大二和大三的学生；在专业收获和应用收获上也存在显著差异，在专业收获上，大四学生的学习收获大于大二和大三学生的专业收获，在应用收获上，大四学生的得分显著高于大二学生。

过往的研究结果也显示，不同年级的学生在总体学习收获上存在显著差异，大四学生学习收获最高（王芳，2014；王茜，2015；王威威，2016）。出现这种结果的可能原因有：第一，大四学生经过几年系统的专业学习，对专业理论有了更深入的理解。他们已经完成了大部分核心课程，对学科知识的掌握和综合运用能力明显提高，因此专业收获高于大二和大三学生。相比之下，大二和大三学生的学习处于知识积累的中期，专业理解和掌握程度尚未达到大四的深度。第二，大四学生通常有更多机会参与实习和教学实践，这些实践活动帮助他们将课堂上学到的理论知识应用到实际教学场景中，从而提升了他们的应用能力。大二学生虽然开始接触一些基础课程，但实践机会较少，因此在应用收获上的得分显著低于大四学生。第三，大四学生临近毕业，通常处于职业准备的关键阶段，对自身专业能力的提升有更强的紧迫感。他们更主动地参与学术研究、教学实习等活动，这不仅加深了对专业知识的理解，还提升了他们的应用能力。第四，大四学生对所学专业有了更加全面的认识和更高的认同感，大四完整接受了大学四年教育，能够对其所受的教育作出比较客观的评价，大四学生的学习收获普遍较高，也说明教育质量能够得到认同，学生自评分数高。

第六章　师范生学习收获影响模型构建

第一节　师范生成就目标、心理资本、学习
投入与学习收获的相关分析

本节主要探讨师范生成就目标、心理资本、学习投入与学习收获四个变量的相关性，以及四个变量各维度之间的相关关系，探讨其相关效果。

一、师范生成就目标、心理资本、学习投入与学习收获的相关分析

将师范生的成就目标、心理资本、学习投入和学习收获的得分进行相关分析，如表6-1的结果显示，师范生的成就目标分别与心理资本、学习投入、学习收获之间有显著的正向相关关系；心理资本分别与学习投入、学习收获之间有显著的正向相关关系；学习投入和学习收获之间存在显著的正向相关关系。

表 6-1　师范生成就目标、心理资本、学习投入及学习收获的相关关系

变　项	1	2	3	4
1 成就目标	1			
2 心理资本	0.501**	1		

续表

变　项	1	2	3	4
3 学习投入	0. 504 **	0. 619 **	1	
4 学习收获	0. 514 **	0. 595 **	0. 640 **	1

** p <0. 01

根据吴明隆（2007）的判断标准，相关系数 r <0. 40，表示两变量之间有低度相关；相关系数 r 介于 0. 40 和 0. 70 之间，表示两变量有中度相关；相关系数 r >0. 70，表示两变量具有高度相关。由此可以看出，师范生成就目标与学习投入（r = 0. 504）、成就目标与学习收获（r = 0. 514）、心理资本与学习投入（r = 0. 619）、心理资本与学习收获（r = 0. 595）、学习投入与学习收获（r = 0. 640）之间，具有中等程度的正向相关关系。

综合前述的分析结果，得出的结论有：

第一，在师范生成就目标与学习投入的关系上，两者之间具有中等程度的显著正向相关关系，成就目标越高，其在学习上的投入也就越高。

第二，在师范生心理资本与学习投入的关系上，两者之间具有中等程度的显著正向相关关系。学生拥有的心理资本越丰厚，其在学习投入上的程度就会越高。

第三，在师范生学习投入和学习收获的关系上，两者之间具有中等偏上程度的显著正向相关关系。学生学习投入的程度越高，其在学习上的收获也就越丰厚。

第四，在师范生成就目标和学习收获的关系上，两者之间具有中等程度的显著正向相关关系。学生的成就目标越大，其学习收获越多。

第五，在师范生心理资本与学习收获的关系上，两者之间具有中等程度的显著正向相关关系。学生拥有的心理资本越高，在学习上的收获就会越多。

二、师范生成就目标、心理资本、学习投入各维度与学习收获各维度的相关分析

对成就目标、心理资本、学习投入和学习收获各维度之间的关系，进行相关分析，结果如表6-2所示。

（一）成就目标各维度与学习投入各维度的关系

"表现目标"与师范生情感投入存在中等程度正相关，与师范生行为投入和认知投入之间存在低等程度正相关。"精熟目标"与行为投入、情感投入、认知投入之间呈现中等程度正相关。

也就是说，师范生越是持有表现目标和精熟目标，其在学习投入中的行为投入、情感投入和认知投入也越多。

（二）心理资本各维度与学习投入各维度的关系

"自我效能"与师范生行为投入、认知投入之间存在中等程度正相关。"复原力"与情感投入和认知投入之间存在显著正相关，但相关程度较弱，与行为投入无显著相关。"希望"与行为投入之间呈现低度正相关，与情感投入、认知投入之间呈现中等程度正相关。"乐观"与师范生行为投入、情感投入、认知投入之间呈现中等程度正相关。

也就是说，师范生持有的心理资本越高，其学习投入的程度也越大。师范生的心理状况越是表现出具有较高的自我效能、对未来抱持希望感和拥有乐观的心态，其学习投入的程度也越大。

（三）学习投入各维度与学习收获各维度的关系

"行为投入"与师范生专业收获之间存在中等程度正相关，与应用收获和价值观收获之间存在低度正相关关系。"情感投入"与师范生专业收获、应用收获、价值观收获之间存在显著正相关，且相关程度皆较高。"认知投入"与师范生专业收获、应用收获、价值观收获之间呈现中等程度

表6-2 师范生成就目标、心理资本、学习投入和学习收获各维度的相关关系

变量	1	2	3	4	5	6	7	8	9	10	11	12
1. 表现目标	1											
2. 精熟目标	0.488**	1										
3. 自我效能	0.423**	0.394**	1									
4. 复原力	-0.050	0.146**	0.128**	1								
5. 希望	0.354**	0.316**	0.471**	244**	1							
6. 乐观	0.360**	0.498**	0.535**	0.189**	0.511**	1						
7. 行为投入	0.383**	0.414**	0.504**	-0.012	0.360**	0.412**	1					
8. 情感投入	0.401**	0.493**	0.535**	0.085**	0.496**	0.535**	0.587**	1				
9. 认知投入	0.390**	0.489**	0.504**	0.126**	0.511**	0.484**	0.594**	0.688**	1			
10. 专业收获	0.399**	0.475**	0.475**	0.097**	0.469**	0.472**	0.479**	0.613**	0.552**	1		
11. 应用收获	0.345**	0.461**	0.463**	0.165**	0.466**	0.489**	0.380**	0.553**	0.507**	0.748**	1	
12. 价值观收获	0.343**	0.474**	0.425**	0.148**	0.448**	0.484**	0.360**	0.535**	0.503**	0.678**	0.788**	1

** $p < 0.01$

正相关。

也就是说，在学习历程中，学习投入的程度越高，其在学业上的收获也越大。从各层面来看，情感投入与专业收获、应用收获和价值观收获的相关程度最大。说明学习投入的三个维度中，情感投入与学习收获有极高的关联性。师范生对大学学习的情感投入越多，其能够获得的学习收获越大。

（四）成就目标各维度与学习收获各维度的关系

"表现目标"与师范生专业收获、应用收获和价值观收获之间存在低等程度正相关。"精熟目标"与师范生专业收获、应用收获和价值观收获之间呈现中等程度显著正相关。

也就是说，师范生在学习历程中，越是持有表现目标和精熟目标，其在学业上的收获也越大。精熟目标与专业收获、应用收获和价值观收获之间的相关程度最大。说明成就目标的两个维度中，精熟目标与学习收获有极高的关联性。师范生越是持有精熟的成就目标，其在大学的学习收获就越大。

（五）心理资本各维度与学习收获各维度的关系

"自我效能""希望""乐观"与师范生专业收获、应用收获和价值观收获之间存在中等程度正相关。"复原力"与师范生专业收获、应用收获和价值观收获之间存在显著正相关，但相关程度较低。"乐观"与专业收获、应用收获和价值观收获之间的相关程度最大。

也就是说，心理资本的四个维度中，乐观与学习收获有极高的关联性。学生越是持有乐观的心态，其在大学的收获越多。

三、小结

为了更清楚地呈现各变量之间的相关关系，将变量间强度为中等以上相关的变量整理成表格，如表6-3所示。

表 6-3 师范生成就目标、心理资本、学习投入与学习收获
各维度间中等以上强度相关关系表

变　项	行为投入	情感投入	认知投入	专业收获	应用收获	价值观收获
表现目标		++				
精熟目标	++	++	++	++	++	++
自我效能	++	++	++	++	++	++
希望		++	++	++	++	++
乐观	++	++	++	++	++	++
行为投入				++		
情感投入				++	++	++
认知投入				++	++	++

注：++表示两变量之相关系数 r>0.40 的变量。

由表格所呈现的结果，得出以下结论：

第一，从成就目标中的表现目标来看，表现目标与学习投入中的情感投入呈现中度正向相关关系。这表示，师范生持有的表现目标越高，在学习中的情感投入会越好。

第二，从成就目标中的精熟目标来看，精熟目标与学习投入中的行为投入、情感投入和认知投入呈现中度正向相关关系；精熟目标与学习收获中的专业收获、应用收获和价值观收获呈现中度正向相关关系。此即表明，师范生的精熟目标越高，其在学习中的行为投入、情感投入和认知投入越高；同时，师范生的精熟目标越高，其在学习中的专业收获、应用收获和价值观收获也越大。

第三，从心理资本中的自我效能和乐观来看，师范生的自我效能和乐观分别与学习投入中的行为投入、情感投入和认知投入呈现中度正向相关关系；师范生的自我效能和乐观分别与学习收获中的专业收获、应用收获和价值观收获呈现中度正向相关关系。此结果表示，师范生所拥有的自我效能越高，心态越是乐观，其在学习中的的行为投入、情感投入和认知投

119

入也会越多；同时，师范生拥有的自我效能越高，心态越是乐观，其在学习中的专业收获、应用收获和价值观收获也越大。

第四，从心理资本中的希望维度来看，师范生希望感与学习投入中的情感投入和认知投入呈现中度正向相关关系；师范生的希望感与学习收获中的专业收获、应用收获和价值观收获呈现中度正向相关关系。此结果表示，师范生拥有越高的希望感，其在学习中的情感投入和认知投入也会越多；同时，师范生拥有越高的希望感，其在学习中的专业收获、应用收获和价值观收获也越大。

第五，从学习投入中的行为投入来看，行为投入与师范生的专业收获呈现中度正向相关关系。这表示，师范生在学习中的行为投入越多，其在专业上的学习收获越高。

第六，从学习投入中的情感投入和认知投入来看，师范生的情感投入和认知投入分别与学习收获中的专业收获、应用收获和价值观收获呈现中度正向相关关系。此即表明，师范生在学习中投入越多的情感和认知，其在学习中的专业收获、应用收获和价值观收获也越大。

四、讨论

（一）师范生成就目标、心理资本、学习投入与学习收获相关关系的结果讨论

为了解成就目标、心理资本、学习投入及学习收获之间的相关关系，本研究对四个变量进行了相关分析。分析结果显示，师范生成就目标与学习投入、心理资本与学习投入、学习投入与学习收获、成就目标与学习收获、心理资本与学习收获之间呈现中度显著正向相关关系。

在成就目标与学习投入的关系方面，两者呈现中度正向相关关系。师范生持有的成就目标越高，其在学习上的投入也会越多。研究结果与周方（2015）的研究结论相同。出现这种结果的原因有：成就目标中，无论是为了提高自身的能力还是追求更好的成绩，抑或避免失败，都会激发学生

的动机，目标的设立为学生提供了明确的方向和动力，也意味着需要付出和投入，才能达成目标。因此，师范生越是树立积极向上的成就目标，越能够显著提升其学习的投入，激发学习的热情。

在心理资本与学习投入方面，持有的心理资本越高，其学习投入的程度也越大。过往研究中也得出类似的结论（丁奕，2015；李玉亭、刘洪琦、李媛媛、王剑，2012）。出现这种情况的可能原因是：心理资本作为每个人的一种积极的心理状态，Luthans（2008）认为，它在很大程度上决定了你是什么样的人、你相信自己能够做什么、你会去做什么、你能成为什么样的人。心理资本越高的学生，对学习会具有较高的自我效能，即使在学习中遇到困难，也更容易投入和坚持，对学业抱持希望感，并对是否取得好的学业成就有积极的归因，其学习投入的程度也越大。相反的，若面对事物缺乏希望感，或者对自己能力信心不足，无法从压力和挫折中恢复，那么在学习投入中的表现也可能不够理想。

在学习投入与学习收获方面，师范生的学习投入和学习收获呈现中度正向相关关系。研究结果与过往研究得出一致的结论（廖友国、陈敏，2014；王文博，2015；谢睿，2015；许长勇，2013；王阳，2015）。师范生在学习历程中，学习投入的程度越高，其在学业上的收获也越大。出现这种结果的可能原因是：本研究采用的学习收获量表是自评量表，并非用某一门课程或某个阶段的学业成绩来衡量其学习收获，因此，作为更加成熟和理智的学生群体，在评价自己的学习收获时，只要付出了努力，投入了自己的情感、行为和认知，无论是成长的教训还是经验，都能将其作为学习的收获来看待。

在成就目标与学习收获方面，过往研究中，未发现成就目标总分与学习收获相关关系的研究。主要原因在于：成就目标的维度中，无论是二维度还是三维度，抑或是四维度或六维度，其维度的面向既包含积极的面向，也包含消极的面向。因此在研究中，比较少将成就目标的维度来加总。出现本研究结果的原因可能是，精熟目标的学生专注于自身的进步和知识掌握，内在动机强，采用深度学习策略，倾向于在认知、技能和态度等各个方面都有较高的学习收获。相比之下，表现目标的学生也可能因竞争等外在原因，短期内可能获得较高的学业成绩，两种成就目标与学习收获呈现正相关关系，说明不论是内在动机还是外在驱动，都能够对学习过程和结果产生积极的影响。

在心理资本与学习收获方面，师范生的心理资本与学习收获之间具有中等程度的显著正向相关关系。过往的研究结果跟本研究结果基本一致（吴双双，2013；苏晓莹，2015；王鹏军，2012；王雁飞、李云健、黄悦新，2011；王茜，2015；赵德慧、王璐曦、沈彤，2014；方攀，2014）。出现这种结果的可能原因是：心理资本是个体在成长和发展过程中表现出来的积极心理状态，能够促进个体的绩效提升。心理资本越高，越对学习和生活充满信心和希望，对遇到的事情表现出积极、乐观的态度，即使在学习和生活中遇到困难，也能想办法解决并从挫折中恢复过来，学习和生活状态都比较好，因此也会认为在大学生活中所获得的学习收获较高。

（二）师范生成就目标、心理资本、学习投入与学习收获各维度相关关系的结果讨论

为了解师范生成就目标、心理资本、学习投入及学习收获各维度之间的相关关系，本研究对 13 个变量进行了相关分析。下面就分析结果进行讨论。

1. 成就目标与师范生学习投入、学习收获的相关关系讨论

从成就目标中的"表现目标"来看，表现目标与学习投入中的情感投入呈现中度正向相关关系。这表示，师范生持有的表现目标越高，在学习中的情感投入会越好。在过往的研究中，没有类似的结论得出。可能原因在于：本身关于师范生群体的成就目标与学习投入的研究相对较少，并且在这些少有的研究中，使用的量表亦不相同，导致研究结果难以达成一致。

"表现目标"与学习收获之间关系的结果未见一致。有研究认为，表现—趋近目标与学业成就之间不相关（周炎根、桑青松、葛贵明，2010；朱晓艳，2014；周炎根，2007；王小凡，2013）；也有研究与本研究得出结

论一致，认为表现—趋近目标与学习收获之间存在正向相关关系（唐亚微，2012；李茹锦，2008；黄丽婷，2013）。本研究显示，表现目标与学习收获各维度之间成正相关关系，出现这一结果的原因可能有：持有表现目标的师范生，行为目的在于对成功结果的追求，以获得能力的正向判断，会产生适应性的学习结果，因此学习收获也会更高。

从成就目标中的"精熟目标"来看，"精熟目标"与大学生的情感投入、认知投入和行为投入之间呈现中度程度正相关的关系。出现这一结果的可能原因有：持有精熟目标的学习者，认为能力不是固定不变的，是可以通过努力来增加能力的，因此会不懈努力，投入学习，并以此增加能力。研究结果与王学坚（2011）的研究结果相类似。

"精熟目标"与师范生专业收获、应用收获、价值观收获呈现中等程度正相关。也就是说，师范生在学习历程中，越是持有精熟目标，其在学业上的收获也越大。过去的研究也发现，精熟目标与学业成就呈现正相关（周炎根，2007；朱丽雅，2012；曹静、朱明，2011；周炎根、桑青松、葛贵明，2010）。精熟目标的学生，更加专注于学习内容本身，这种内在动机促使学生在学习过程中投入更多时间精力，并在完成任务过程中能够克服困难，坚持完成学业并获得更好的成果。

2. 师范生学习投入与学习收获的相关关系

从师范生学习投入的三个维度来看，情感投入与专业收获、应用收获和价值观的收获的相关程度最大。说明学习投入的三个维度中，情感投入与学习收获有极高的关联性。师范生对大学生活的情感投入越多，其能够感受到在大学的收获越大。此结果与廖友国（2010）的研究结果部分一致。表示师范生在学习过程中，始终保持对学习积极、乐观、好奇、感兴趣等情感状态，对增强学习动力、提高学习质量和学习收获具有重要的意义。也说明情感投入是师范生学习收获中的一个重要变量。

3. 师范生心理资本与学习投入、学习收获的相关关系

从师范生心理资本的"自我效能"和"乐观"层面看，"自我效能"和"乐观"分别与行为投入、情感投入和认知投入有显著的中等程度相关

关系。过往研究结果中，丁奕、张乐明（2014）的研究结果显示，大学生心理资本各维度与学习投入各维度呈现高度相关的结论。出现这种情况的可能原因是，丁奕等人的研究所使用的学习投入问卷，与本研究的问卷内涵有较大的不同，其使用的学习投入量表，为方来坛、时勘与张风华（2008）修订的 Schaufeli（2002）等人编制的学习投入量表，虽然测量的都是学习投入，其学习投入主要从积极心理学的角度出发，关注的是学习过程中的心理状态。本研究中的学习投入，关注的是学生在学习过程中的行为、情感和认知三方面的投入状态，因此，得到的相关关系可能会有所不同。薛人华（2009）对台湾大学生心理学学习成就和学习投入展开研究，发现学习投入各维度与心理学期末考试成绩相关均呈现低度相关。

"自我效能"和"乐观"分别与师范生的专业收获、应用收获和价值观收获有显著的中等程度相关关系。过往的研究结果跟本研究结果基本一致（吴双双，2013；苏晓莹，2015；王鹏军，2012；王雁飞、李云健、黄悦新，2011；王茜，2015；赵德慧、王璐曦、沈彤，2014）。表明师范生的自我效能和乐观与学习收获有着极其紧密的联系，学生对学习具有越高的自我效能感，对生活和学习的归因方式越乐观，越能够获得较高的学习收获。产生此种结果的原因可能是：师范生具有越高的自我效能，在学习过程中越能够体会到成功，成功又有助于增强学生的自我效能，这种自我效能又可以带来更高的学习收获。同时，师范生具有越乐观的归因方式，会对学习保持着越积极的自我期望，这种期望让学生有动力去采取行动，获得更高的学习收获。

从心理资本的"希望"层面看，与师范生的情感投入和认知投入有显著的中度正向相关关系。在过往研究中，未发现有与本研究相似的结果。产生这种结果的原因，主要是使用的学习投入的量表不一致。因此，在具体维度的相关分析上，没有找到与本研究相似的结论。充满希望的学习者，会有较强的成就需求，他们更多的以目标为导向，并通过意志力和投入更多的情感和认知，去达成目标，因此得出师范生的希望感越强，其情感投入和认知投入越高。

师范生的"希望"与专业收获、应用收获和价值观收获有着显著的中度正向相关关系。在过往研究中，未见有心理资本的希望维度与具体学习收获之间关系的结论。产生这一结果的原因是，对于师范生学习收获和成就的评量，本身有许多不一致的观点，因此，对于学习收获的内涵，不同研究的焦点也不相同。

第二节　师范生成就目标、心理资本、学习投入对学习收获的影响因素分析

本节主要是探讨师范生的成就目标、心理资本和学习投入对学习收获及其各维度的预测情形，以及在不同背景下，师范生成就目标、心理资本和学习投入对学习收获及其各维度的预测力。

一、师范生成就目标、心理资本、学习投入对学习收获及其各维度的影响分析

将师范生成就目标的两个维度、心理资本的四个维度和学习投入的三个维度作为预测变量，学习收获及其三个维度分别作为效标变量，进行多元逐步回归分析。具体回归分析结果参见表6-4、表6-5、表6-6、表6-7。

表6-4　　　师范生学习收获影响因素逐步回归分析摘要表

	B	SE B	β	ΔR^2	R^2
情感投入	0.251	0.029	0.276 ***	0.397	
精熟目标	0.137	0.021	0.167 ***	0.056	
乐观	0.139	0.027	0.142 ***	0.033	0.514
认知投入	0.118	0.027	0.135 ***	0.014	
希望	0.108	0.029	0.101 ***	0.008	
自我效能	0.099	0.027	0.099 ***	0.006	

*** $p<0.001$

125

表6-5 师范生专业收获影响因素逐步回归分析摘要表

	B	SE B	β	ΔR²	R²
情感投入	0.275	0.033	0.281***	0.376	
精熟目标	0.109	0.025	0.123***	0.039	
自我效能	0.074	0.031	0.069*	0.020	
认知投入	0.097	0.031	0.102**	0.013	
希望	0.103	0.033	0.089**	0.007	0.467
行为投入	0.079	0.026	0.091**	0.006	
乐观	0.083	0.030	0.079**	0.004	
表现目标	0.060	0.025	0.062*	0.002	

$*p<0.05$ $**p<0.01$ $***p<0.001$

表6-6 师范生应用收获影响因素逐步回归分析摘要表

	B	SE B	β	ΔR²	R²
情感投入	0.224	0.034	0.226***	0.306	
乐观	0.154	0.032	0.144***	0.052	
精熟目标	0.128	0.025	0.143***	0.030	
希望	0.111	0.035	0.095**	0.012	0.415
自我效能	0.115	0.032	0.106***	0.008	
认知投入	0.099	0.032	0.104**	0.005	
复原力	0.063	0.031	0.048*	0.002	

$*p<0.05$ $**p<0.01$ $***p<0.001$

表6-7 师范生价值观收获影响因素逐步回归分析摘要表

	B	SE B	β	ΔR²	R²
情感投入	0.219	0.036	0.208***	0.286	0.396
精熟目标	0.175	0.027	0.185***	0.058	

	B	SE B	β	ΔR²	R²
乐观	0.210	0.033	0.186***	0.036	
认知投入	0.135	0.034	0.133***	0.011	0.396
希望	0.111	0.037	0.090**	0.005	

$** p<0.01$　　$*** p<0.001$

为了更直观了解预测变量对效标变量的预测情形，本研究将四个回归模型结果进行整理汇总，将每个预测变量对效标变量的贡献量整理成表6-8。

从表6-8的结果可知：

（一）师范生成就目标、心理资本、学习投入各维度对学习收获的影响分析

师范生的情感投入、精熟目标、乐观、认知投入、希望和自我效能变量可以有效预测学习收获，可解释的总变异量为51.4%。其中，情感投入的预测力最强，可解释的变异量为39.7%；其次为精熟目标，可解释的变异量为5.6%；其他依序为乐观、认知投入、希望和自我效能变量，可解释的变异量分别为3.3%、1.4%、0.8%、0.6%。所有预测变量之β值为正值。

此即表示，师范生在学习中拥有越高的情感投入和认知投入，越清晰的精熟目标，越丰厚的自我效能、乐观与希望，就会得到越多的学习收获。其中尤其以越高的情感投入及越清晰的精熟目标最重要。

（二）师范生成就目标、心理资本、学习投入各维度对专业收获的影响分析

师范生的情感投入、精熟目标、自我效能、认知投入、希望、行为投入、乐观和表现目标变量，可以有效预测师范生的专业收获，可解释的总

表6-8　师范生成就目标、心理资本、学习投入对学习收获及各维度多元逐步回归分析摘要表

效标变量	预测变量（R^2改变量）							解释量
学习收获	情感投入 (0.397)	精熟目标 (0.056)	乐观 (0.033)	认知投入 (0.014)	希望 (0.008)	自我效能 (0.006)	— (—)	51.4%
专业收获	情感投入 (0.376)	精熟目标 (0.039)	自我效能 (0.020)	认知投入 (0.013)	希望 (0.007)	行为投入 (0.006)	乐观 (0.004)	46.7%
应用收获	情感投入 (0.306)	乐观 (0.052)	精熟目标 (0.030)	希望 (0.012)	自我效能 (0.008)	认知投入 (0.005)	复原力 (0.002)	41.5%
价值观收获	情感投入 (0.286)	精熟目标 (0.058)	乐观 (0.036)	认知投入 (0.011)	希望 (0.005)	— (—)	表现目标 (0.002)	39.6%

注：粗黑体表示，解释量大于 5% 的预测变量。

变异量为 46.7%。其中，情感投入的预测力最强，可解释的变异量为 37.6%；其次为精熟目标，可解释的变异量为 3.9%；其他依序为自我效能、认知投入、希望、行为投入、乐观、表现目标变量，可解释的变异量分别为 2.0%、1.3%、0.7%、0.6%、0.4% 和 0.2%。所有预测变量之 β 值为正值。

此即表示，师范生对学习拥有越高的情感投入、认知投入和行为投入，有越清晰的精熟目标和表现目标，越丰厚的自我效能、乐观与希望的心理特质，其在专业上的收获就会越大。其中尤其以越高的情感投入最为重要。

（三）师范生成就目标、心理资本、学习投入各维度对应用收获的影响分析

师范生的情感投入、乐观、精熟目标、希望、自我效能、认知投入和复原力变量，可以有效预测其应用收获，可解释的总变异量为 41.5%。其中，情感投入的预测力最强，可解释的变异量为 30.6%；其次为乐观，可解释的变异量为 5.2%；其他依序为精熟目标、希望、自我效能、认知投入和复原力变量，可解释的变异量分别为 3.0%、1.2%、0.8%、0.5% 和 0.2%。所有预测变量之 β 值为正值。

此即表示，师范生对学习拥有越高的情感投入和认知投入，有越清晰的精熟目标，越丰厚的乐观心态，希望与自我效能的心理特质，越强的复原力，其在应用技能上的收获就会越大。其中尤其以越高的情感投入和越乐观的心理特质最为重要。

（四）师范生成就目标、心理资本、学习投入各维度对价值观收获的影响分析

师范生的情感投入、精熟目标、乐观、认知投入和希望变量，可以有效预测其价值观收获，可解释的总变异量为 39.6%。其中，情感投入的预测力最强，可解释的变异量为 28.6%；其次为精熟目标，可解释的变异量

为 5.8%；其他依序为乐观、认知投入和希望变量，可解释的变异量分别为 3.6%、1.1% 和 0.5%。所有预测变量之 β 值为正值。

此即表示，师范生对学习拥有越高的情感投入和认知投入，有越清晰的精熟目标，越丰厚的乐观心态与希望的心理特质，其在价值观上的收获就会越大。其中尤其以越高的情感投入和越清晰的精熟目标最为重要。

二、不同背景变量下师范生成就目标、心理资本、学习投入对学习收获及其各维度的回归分析

（一）不同性别师范生成就目标、心理资本、学习投入对学习收获及其各维度的影响分析

为了进一步了解不同性别师范生的预测变量对学习收获及其各维度的预测力，将男生和女生的成就目标维度、心理资本维度和学习投入的维度作为预测变量，学习收获及其三个维度分别作为效标变量，进行多元逐步回归分析。

为了更直观了解不同性别师范生成就目标、心理资本、学习投入各变量对学习收获、专业收获、应用收获和价值观收获的预测情形，本研究将不同性别师范生的八个回归模型结果进行整理汇总，将每个预测变量对效标变量的贡献量整理成表 6-9。

1. 不同性别师范生成就目标、心理资本、学习投入各维度对学习收获的影响分析

男生的情感投入、精熟目标、乐观、希望和行为投入变量，可以有效预测其学习收获，可解释的总变异量为 58.3%。其中，情感投入对男学生学习收获的预测力最强，可解释的变异量为 47.5%；其次为精熟目标，可解释的变异量为 5.7%；其他依序为乐观、希望和行为投入变量，可解释的变异量分别为 3.2%、1.2% 和 0.7%。所有预测变量的其标准化回归系数 β 值为正值。此即表示，男生对学习拥有越高的情感投入和行为投入，有越清晰的精熟目标、越丰厚的乐观心态与希望的心理特质，其在学习上的

表 6-9　不同性别师范生成就目标、心理资本、学习投入对学习收获及其各维度的多元逐步回归分析表

效标变量	性别	预测变量（R²改变量）						解释量
学习收获	男生	**情感投入 (0.475)**	**精熟目标 (0.057)**	乐观 (0.032)	希望 (0.012)	行为投入 (0.007)	—	58.3%
	女生	**情感投入 (0.359)**	**精熟目标 (0.057)**	认知投入 (0.031)	乐观 (0.025)	自我效能 (0.011)	希望 (0.004)	48.7%
专业收获	男生	**情感投入 (0.440)**	希望 (0.042)	行为投入 (0.023)	精熟目标 (0.016)	—	—	52.2%
	女生	**情感投入 (0.345)**	精熟目标 (0.045)	自我效能 (0.027)	认知投入 (0.018)	乐观 (0.004)	—	44.5%
应用收获	男生	**情感投入 (0.366)**	**乐观 (0.051)**	精熟目标 (0.034)	自我效能 (0.010)	—	—	46.0%
	女生	**情感投入 (0.278)**	**希望 (0.056)**	认知投入 (0.022)	乐观 (0.019)	精熟目标 (0.010)	自我效能 (0.007)	39.6%
价值观收获	男生	**情感投入 (0.362)**	**精熟目标 (0.070)**	乐观 (0.032)	希望 (0.006)	—	—	47.0%
	女生	**认知投入 (0.262)**	**乐观 (0.060)**	精熟目标 (0.026)	情感投入 (0.010)	希望 (0.004)	复原力 (0.004)	36.3%

注：粗黑体表示，解释量大于 5% 的预测变量。

131

收获就会越大。其中尤其以越高的情感投入和越清晰的精熟目标最为重要。

在女生的学习收获预测情形方面，情感投入、精熟目标、认知投入、乐观、自我效能和希望变量可以有效预测其学习收获，可解释的总变异量为48.7%。其中，情感投入对女学生学习收获的预测力最强，可解释的变异量为35.9%；其次为精熟目标，可解释的变异量为5.7%；其他依序为认知投入、乐观、自我效能和希望变量，可解释的变异量分别为3.1%、2.5%、1.1%和0.4%。所有预测变量的标准化回归系数β值为正值。

此即表示，女生对学习拥有越高的情感投入和认知投入，有越清晰的精熟目标、越丰厚的乐观心态、越高的自我效能和希望感，其在学习上的收获就会越大。其中尤其以越高的情感投入和越清晰的精熟目标最为重要。

2. 不同性别师范生成就目标、心理资本、学习投入各维度对专业收获的影响分析

男生情感投入、希望、行为投入和精熟目标四个变量，可以有效预测其专业收获，可解释的总变异量为52.2%。其中，情感投入对男学生专业收获的预测力最强，可解释的变异量为44.0%；其他依序为希望、行为投入和精熟目标变量，可解释的变异量分别为4.2%、2.3%和1.6%。四个预测变量的标准化回归系数β值皆为正值。此即表示，男生对学习拥有越高的情感投入和行为投入，有越清晰的精熟目标，越丰厚的希望感，其在专业上的收获就会越大。其中尤其以越高的情感投入最为重要。

女生的情感投入、精熟目标、自我效能、认知投入和乐观变量，可以有效预测其专业收获，可解释的总变异量为44.5%。其中，情感投入对女学生专业收获的预测力最强，可解释的变异量为34.5%；其他依序为精熟目标、自我效能、认知投入、表现目标和乐观变量，可解释的变异量分别为4.5%、2.7%、1.8%、0.6%和0.4%。六个预测变量的标准化回归系数β值皆为正值。此结果表示，女生对学习拥有越高的情感投入和认知投入、越清晰的精熟目标、越高的自我效能和越丰厚的乐观心理特质，其在专业

上的收获就会越大。其中尤其以越高的情感投入最为重要。

3. 不同性别师范生成就目标、心理资本、学习投入各维度对应用收获的影响分析

男生的情感投入、乐观、精熟目标和自我效能变量，可以有效预测其应用收获，可解释的总变异量为 46.0%。其中，情感投入对男生应用收获的预测力最强，可解释的变异量为 36.6%；其次为乐观，可解释的变异量为 5.1%。其他依序为精熟目标和自我效能变量，可解释的变异量分别为 3.4% 和 1.0%。四个预测变量的标准化回归系数 β 值皆为正值。此即表示，男生对学习拥有越高的情感投入、越清晰的精熟目标、越丰厚的乐观心理特质和越高的自我效能，其在应用技能上的收获就会越大。尤其以越高的情感投入和越乐观的心理特质最重要。

女生的情感投入、希望、认知投入、乐观、精熟目标、自我效能和复原力变量，可以有效预测其应用收获，可解释的总变异量为 39.6%。其中，情感投入对女生应用收获的预测力最强，可解释的变异量为 27.8%；其次是希望，可解释的变异量为 5.6%。其他依序为认知投入、乐观、精熟目标、自我效能和复原力变量，可解释的变异量分别为 2.2%、1.9%、1.0%、0.7% 和 0.4%。所有预测变量的标准化回归系数 β 值皆为正值。此即表示，女生对学习拥有越高的情感投入和认知投入、越清晰的精熟目标、越丰厚的希望感和乐观心理特质、越高的自我效能和复原力，其在应用技能上的收获就会越大。其中尤其以越高的情感投入和越高的希望感最为重要。

4. 不同性别师范生成就目标、心理资本、学习投入各维度对价值观收获的影响分析

男生的情感投入、精熟目标、乐观和希望变量，可以有效预测其价值观收获，可解释的总变异量为 47.0%。其中，情感投入对男学生价值观收获的预测力最强，可解释价值观收获 36.2% 的变异量；其次为精熟目标，可解释的变异量为 7.0%。其他依序为乐观和希望变量，可解释的变异量分别为 3.2% 和 0.6%。所有预测变量的标准化回归系数 β 值皆为正值。此

结果表示，男生对学习拥有越高的情感投入、越清晰的精熟目标、越丰厚的乐观心理特质和希望感、其在价值观上的收获就会越大。其中尤其以越高的情感投入和越清晰的精熟目标最为重要。

女生的认知投入、乐观、精熟目标、情感投入和希望变量，可以有效预测其价值观收获，可解释的总变异量为36.3%。其中，认知投入对女学生价值观收获的预测力最强，可解释的变异量为26.2%；其次是乐观，可解释的变异量为6.0%。其他依次为精熟目标、情感投入和希望变量，可解释的变异量分别为2.6%、1.0%和0.4%。所有预测变量的标准化回归系数β值为正值。此即表示，女生对学习拥有越高的认知投入和情感投入、越清晰的精熟目标、越丰厚的乐观和希望感的心理特质，其在价值观上的收获就会越大。其中尤其以越高的认知投入和越乐观的心理特质最为重要。

（二）不同专业师范生成就目标、心理资本、学习投入对学习收获及其各维度的影响分析

为了进一步了解不同专业师范生的预测变量对学习收获及其各维度的预测力，将文管类学生和理工类学生的成就目标各维度、心理资本各维度和学习投入各维度作为预测变量，学习收获及其三个维度分别作为效标变量，进行多元逐步回归分析，并将不同专业学生预测变量对效标变量的贡献量，整理成表6-10。

1. 不同专业师范生成就目标、心理资本、学习投入各维度对学习收获的影响分析

文管类学生的情感投入、精熟目标、认知投入、乐观、自我效能和希望变量，可以有效预测其学习收获，可解释的总变异量为48.7%。其中，情感投入对文管类学生的学习收获预测力最强，可解释的变异量为35.9%；其次为精熟目标，可解释的变异量为5.7%；其他依次为认知投入、乐观、自我效能和希望变量，可解释的变异量分别为3.1%、2.5%、1.1%和0.4%。所有预测变量标准化回归系数β值皆为正值。此即表示，

表6-10　不同专业师范生成就目标、心理资本、学习投入对学习收获及其各维度的多元逐步回归分析摘要表

效标变量	专业	预测变量（R²改变量）								解释量
学习收获	文管类	情感投入(0.359)	精熟目标(0.057)	认知投入(0.031)	乐观(0.025)	自我效能(0.011)	希望(0.004)	—	—	48.7%
	理工类	情感投入(0.416)	乐观(0.064)	精熟目标(0.027)	希望(0.011)	认知投入(0.007)	自我效能(0.004)	复原力(0.003)	表现目(0.002)	53.5%
专业收获	文管类	情感投入(0.299)	精熟目标(0.061)	自我效能(0.035)	复原力(0.012)	希望(0.012)	认知投入(0.007)	—	—	42.5%
	理工类	情感投入(0.411)	乐观(0.039)	认知投入(0.021)	精熟目标(0.012)	行为投入(0.012)	希望(0.007)	—	—	49.6%
应用收获	文管类	情感投入(0.289)	精熟目标(0.056)	认知投入(0.027)	希望(0.020)	自我效能(0.007)	—	—	—	39.8%
	理工类	情感投入(0.313)	乐观(0.067)	精熟目标(0.025)	自我效能(0.012)	希望(0.007)	复原力(0.005)	—	—	43.0%
价值观收获	文管类	认知投入(0.258)	精熟目标(0.089)	自我效能(0.025)	乐观(0.010)	希望(0.007)	—	—	—	38.1%
	理工类	情感投入(0.306)	乐观(0.064)	精熟目标(0.027)	认知投入(0.004)	希望(0.010)	—	—	—	41.1%

注：粗黑体表示，解释量大于5%的预测变量。

文管类学生在学习上的情感投入和认知投入越高，有越清晰的精熟目标、丰厚的自我效能和乐观心态、越高的希望感，其在学习上的收获就会越大。其中尤其以越高的情感投入和越清晰的精熟目标最为重要。

理工类学生的情感投入、乐观、精熟目标、希望、认知投入、自我效能、复原力和表现目标变量，可以有效预测理工类学生的学习收获，可解释的总变异量为53.5%。其中，情感投入对理工类学生学习收获的预测力最强，可解释的变异量为41.6%；其次为乐观，可解释的变异量为6.4%；其他依序为精熟目标、希望、认知投入、自我效能复原力和表现目标变量，可解释的变异量分别为2.7%、1.1%、0.7%、0.5%、0.7%、0.4%、0.3%和0.2%。所有预测变量标准化回归系数β值皆为正值。此即表示，理工类学生对学习拥有越高的情感投入和认知投入、越清晰的精熟目标和表现目标，并且拥有越高的希望感和越高的自我效能、越乐观的心理特质、越佳的复原力，其在学习上的收获就会越大。其中尤其以越高的情感投入和越乐观的心理特质最为重要。

2. 不同专业师范生成就目标、心理资本、学习投入各维度对专业收获的影响分析

文管类学生的情感投入、精熟目标、自我效能、复原力、希望和认知投入变量，可以有效预测文管类学生的专业收获，可解释的总变异量为42.5%。其中，情感投入对文管类学生的专业收获预测力最强，可解释的变异量为29.9%；其次为精熟目标，可解释的变异量为6.1%；其他依序为自我效能、复原力、希望和认知投入变量，可解释的变异量分别为3.5%、1.2%、1.2%和0.7%。其中，情感投入、精熟目标、自我效能、希望和认知投入的标准化回归系数β值为正值，复原力变量标准化回归系数β值为负值。此即表示，文管类学生对专业学习拥有越高的情感投入和认知投入，越是拥有精熟的成就目标、越高的自我效能和希望感以及越低的复原力，其在专业学习上的收获就会越大。其中尤其以越高的情感投入和越清晰的精熟目标最重要。

理工类学生的情感投入、乐观、认知投入、精熟目标、行为投入和希

望变量，可以有效预测理工类学生的专业收获，可解释的总变异量为
49.6%。其中，情感投入对理工类学生专业收获的预测力最强，可解释的
变异量为41.1%；其他依序为乐观、认知投入、精熟目标、行为投入和希
望变量，可解释的变异量分别为3.9%、2.1%、1.2%、0.8%和0.5%。进
入回归方程式六个预测变量的标准化回归系数β值皆为正值。此即表示，
理工类学生对学习拥有越高的情感投入、认知投入和行为投入，越清晰的
精熟目标，越是具有乐观的心态和希望感，其在专业学习上的收获就会越
大。其中尤其以越高的情感投入最为重要。

3. 不同专业师范生成就目标、心理资本、学习投入各维度对应用收获
的影响分析

文管学生的情感投入、精熟目标、认知投入、希望和自我效能变量，
可以有效预测文管类学生的应用收获，可解释的总变异量为39.8%。其
中，情感投入对文管类学生的应用收获预测力最强，可解释的变异量为
28.9%；其次为精熟目标，可解释的变异量为5.6%；其他依序为认知投
入、希望和自我效能变量，可解释的变异量分别为2.7%、2.0%和0.7%。
进入回归方程式五个预测变量的标准化回归系数β值皆为正值。此即表
示，文管类学生对应用技能学习投入越高的情感和认知，越清晰的精熟目
标，拥有较高的自我效能和希望感，其在应用学习上的收获就会越大。其
中尤其以越高的情感投入和越清晰的精熟目标尤为重要。

理工类学生的情感投入、乐观、精熟目标、自我效能、希望和复原力
变量，可以有效预测理工类学生的应用收获，可解释的总变异量为
43.0%。其中，情感投入对理工类学生应用收获的预测力最强，可解释的
变异量为31.3%；其次为乐观变量，可解释的变异量为6.7%；其他依序
为精熟目标、自我效能、希望和复原力变量，可解释的变异量分别为
2.5%、1.2%、0.7%和0.5%。进入回归方程式六个预测变量的标准化回
归系数β值皆为正值。此即表示，理工类学生对学习有越高的情感投入，
越清晰的精熟目标，越是具有乐观的心态、较高的自我效能感和希望感、
较强的复原力，其在应用学习上的收获就会越大。其中尤其以越高的情感

投入和越乐观的心理特质最为重要。

4. 不同专业师范生成就目标、心理资本、学习投入各维度对价值观收获的影响分析

文管类学生的认知投入、精熟目标、自我效能和乐观变量，可以有效预测其价值观收获，可解释的总变异量为38.1%。其中，认知投入对文管类学生的价值观收获预测力最强，可解释的变异量为25.8%；其次为精熟目标，可解释的变异量为8.9%；其他依序为自我效能和乐观变量，可解释的变异量分别为2.5%和1.0%。进入回归方程式四个预测变量的标准化回归系数β值皆为正值。此即表示，文管类学生对价值观的学习有越高的认知、越清晰的精熟目标，拥有较高的自我效能和越丰厚的乐观心态，其在价值观学习上的收获就会越大。其中尤其以越高的认知投入和越清晰的精熟目标尤为重要。

理工类学生的情感投入、乐观、精熟目标、希望和认知投入变量，可以有效预测理工类学生的价值观收获，可解释的总变异量为41.1%。其中，情感投入对理工类学生价值观收获的预测力最强，可解释的变异量为30.6%；其次为乐观变量，可解释的变异量为6.4%；精熟目标、希望和认知投入变量，可解释的变异量分别为2.7%、1.0%和0.4%。进入回归方程式预测变量的标准化回归系数β值皆为正值。此即表示，理工类学生对学习有越高的情感投入和认知投入、越清晰的精熟目标，越是具有乐观的心态和越高的希望感，其在价值观上的收获就会越大。其中尤其以越高的情感投入和越乐观的心态最为重要。

（三）不同年级师范生成就目标、心理资本、学习投入对学习收获及其各维度的影响分析

为了探讨不同年级师范生的效标变量对学习收获及其各维度的预测力，将不同年级师范生的成就目标、心理资本和学习投入各维度作为预测变量，将学习收获及其三个维度分别作为效标变量，进行多元逐步回归分析，并将不同年级师范生的十六个回归模型结果进行整理，特别是预测变量对效标变量的贡献量，整理成表6-11。

表 6-11　不同年级师范生成就目标、心理资本、学习投入对学习收获及其各维度的多元逐步回归分析摘要表

效标变量	年级	预测变量（R²改变量）						解释量
学习收获	大一	情感投入 (0.361)	精熟目标 (0.087)	认知投入 (0.020)	乐观 (0.010)	—		47.9%
	大二	情感投入 (0.474)	希望 (0.057)	认知投入 (0.027)	乐观 (0.024)	自我效能 (0.009)	—	59.0%
	大三	乐观 (0.349)	情感投入 (0.092)	希望 (0.038)	自我效能 (0.017)	精熟目标 (0.011)	复原力 (0.010)	51.5%
	大四	情感投入 (0.523)	乐观 (0.049)	行为投入 (0.031)	认知投入 (0.012)	—	—	61.5%
专业收获	大一	情感投入 (0.331)	精熟目标 (0.061)	认知投入 (0.021)	自我效能 (0.007)	复原力 (0.006)	—	42.7%
	大二	情感投入 (0.449)	认知投入 (0.049)	自我效能 (0.025)	精熟目标 (0.015)	希望 (0.008)	—	54.7%
	大三	情感投入 (0.319)	乐观 (0.074)	希望 (0.031)	行为投入 (0.021)	—		44.5%
	大四	情感投入 (0.528)	自我效能 (0.056)	行为投入 (0.024)	—			60.8%

续表

效标变量	年级	预测变量（R²改变量）					解释量
应用收获	大一	**情感投入（0.280）**	**精熟目标（0.077）**	自我效能（0.019）	认知投入（0.006）	—	38.3%
	大二	**情感投入（0.372）**	**乐观（0.061）**	希望（0.032）	认知投入（0.012）	复原力（0.008）	48.5%
	大三	**乐观（0.277）**	**自我效能（0.075）**	精熟目标（0.033）	希望（0.016）	情感投入（0.010）	41.1%
	大四	**情感投入（0.415）**	**乐观（0.051）**	认知投入（0.035）	—	—	50.1%
价值观收获	大一	**情感投入（0.281）**	**精熟目标（0.086）**	乐观（0.022）	认知投入（0.010）	—	39.8%
	大二	**情感投入（0.332）**	**希望（0.051）**	认知投入（0.025）	乐观（0.021）	—	42.9%
	大三	**乐观（0.287）**	**精熟目标（0.088）**	自我效能（0.025）	复原力（0.014）	情感投入（0.009）	42.3%
	大四	**情感投入（0.339）**	**乐观（0.054）**	认知投入（0.028）	—	—	42.0%

注：粗黑体表示，解释量大于5%的预测变量。

　　1. 不同年级师范生成就目标、心理资本、学习投入各维度对学习收获的影响分析

　　大一学生的情感投入、精熟目标、认知投入和乐观变量，可以有效预测大一学生的学习收获，可解释的总变异量为47.9%。其中，情感投入对大一学生的学习收获预测力最强，可解释的变异量为36.1%；其次为精熟目标，可解释的变异量为8.7%；其他依序为认知投入和乐观变量，可解释的变异量分别为2.0%和1.0%。四个预测变量的标准化回归系数β值皆为正值。此即表示，大一学生对学习拥有越高的情感投入和认知投入、越清晰的精熟目标、越丰厚的乐观心理特质，其在学习上的收获就会越大。其中尤其以越高的情感投入和越清晰的精熟目标最为重要。

　　大二学生的情感投入、希望、认知投入、乐观和自我效能变量，可以有效预测其学习收获，可解释的总变异量为59.0%。其中，情感投入对大二学生学习收获的预测力最强，可解释的变异量为47.4%；其次为希望变量，可解释的变异量为5.7%；其他依序为认知投入、乐观和自我效能变量，可解释的变异量分别为2.7%、2.4%和0.9%。所有预测变量的标准化回归系数β值皆为正值。此即表示，大二学生对学习有越高的情感投入和认知投入、丰厚的自我效能，越是具有乐观和希望的心态，其在学习上的收获就会越大。其中尤其以越高的情感投入和越高的希望感最为重要。

　　大三学生的乐观、情感投入、希望、自我效能、精熟目标和复原力变量，可以有效预测大三学生的学习收获，可解释的总变异量为51.5%。其中，乐观对大三学生学习收获的预测力最强，可解释的变异量为34.9%；其次为情感投入变量，可解释的变异量为9.2%；其他依序希望、自我效能、精熟目标和复原力变量，可解释的变异量分别为3.8%、1.7%、1.1%和1.0%。其所有预测变量的标准化回归系数β值皆为正值。此即表示，大三学生对学习有越乐观的心态、希望感、自我效能感和复原力，投入越高的情感，对学习持有越高的精熟目标，其在学习上的收获就会越大。其中尤其以越乐观的心态和越高的情感投入最为重要。

　　大四学生的情感投入、乐观、行为投入和认知投入变量，可以有效预

测大四学生的学习收获，可解释的总变异量为 61.5%。其中，情感投入对大四学生学习收获的预测力最强，可解释的变异量为 52.3%；其次为乐观变量，可解释的变异量为 4.9%；行为投入和认知投入可解释的变异量分别为 3.1% 和 1.2%。所有预测变量的标准化回归系数 β 值皆为正值。此即表示，大四学生在学习上投入越高的情感、行为和认知，并且拥有乐观的心态，其在学习上的收获就会越大。其中尤其以越高的情感投入最为重要。

2. 不同年级师范生成就目标、心理资本、学习投入各维度对专业收获的影响分析

大一学生的情感投入、精熟目标、认知投入、自我效能和复原力变量，可以有效预测其专业收获，可解释的总变异量为 42.7%。其中，情感投入对大一学生的专业收获预测力最强，可解释的变异量为 33.1%；其次为精熟目标，可解释的变异量为 6.1%；其他依序为认知投入、自我效能和复原力变量，可解释的变异量分别为 2.1%、0.7% 和 0.6%。其中，复原力的标准化回归系数 β 值为负值，其他预测变量的标准化回归系数 β 值皆为正值。此即表示，大一学生对专业学习有越高的情感投入和认知投入、越是清晰的精熟目标、丰厚的自我效能感和较低的复原力，其在专业学习上的收获就会越大。其中尤其以越高的情感投入和越清晰的精熟目标最为重要。

大二学生的情感投入、认知投入、自我效能、精熟目标和希望变量，可以有效预测大二学生的专业收获，可解释的总变异量为 54.7%。其中，情感投入对大二学生的专业收获预测力最强，可解释的变异量为 44.9%；其次为认知投入，可解释的变异量为 4.9%；其他依序为自我效能、精熟目标和希望变量，可解释的变异量分别为 2.5%、1.5% 和 0.8%。进入回归方程式的所有预测变量的标准化回归系数 β 值皆为正值。此即表示，大二学生在专业学习上有越高的情感投入和认知投入、越清晰的精熟目标、越高的自我效能感和希望感，其在专业学习上的收获就会越大。其中尤其以越高的情感投入最为重要。

大三学生的情感投入、乐观、希望、行为投入，可以有效预测其专业收获，可解释的总变异量为44.5%。其中，情感投入对大三学生的专业收获预测力最强，可解释的变异量为31.9%；其次为乐观，可解释的变异量为7.4%；其他依序为希望和行为投入变量，可解释的变异量分别为3.1%和2.1%。进入回归方程式预测变量的标准化回归系数β值皆为正值。此即表示，大三学生对学习有越高的情感投入和行为投入，越是拥有较高的乐观和希望心态，其在专业学习上的收获就会越大。其中尤其以越高的情感投入和越乐观的心理特质最为重要。

大四学生的情感投入、自我效能和行为投入变量，可以有效预测其专业收获，可解释的总变异量为60.8%。其中，情感投入对大四学生的专业收获预测力最强，可解释的变异量为52.8%；其次为自我效能，可解释的变异量为5.6%；最低是行为投入，可解释的变异量为2.4%。进入回归方程式预测变量的标准化回归系数β值皆为正值。此即表示，大四学生对学习有越高的情感投入和行为投入，拥有越高的自我效能，其在专业学习上的收获就会越大。其中尤其以越高的情感投入和越高的自我效能最为重要。

3. 不同年级师范生成就目标、心理资本、学习投入各维度对应用收获的影响分析

大一学生的情感投入、精熟目标、自我效能和认知投入变量，可以有效预测其应用收获，可解释的总变异量为38.3%。其中，情感投入对大一学生的应用收获预测力最强，可解释的变异量为28.0%；其次为精熟目标，可解释的变异量为7.7%；其他依次是自我效能和认知投入变量，分别可解释变异量1.9%和0.6%。进入回归方程式预测变量的标准化回归系数β值皆为正值。此即表示，大一学生对应用技能的学习有越高的情感投入和认知投入、越清晰的精熟目标，并且对自己的应用学习有较高的自我效能，其在应用学习上的收获就会越大。其中尤其以越高的情感投入和精熟目标最为重要。

大二学生的情感投入、乐观、希望、认知投入和复原力变量，可以有

效预测其应用收获，可解释的总变异量为 48.5%。其中，情感投入对大二学生的应用收获预测力最强，可解释的变异量为 37.2%；其次为乐观，可解释的变异量为 6.1%；希望、认知投入和复原力的解释变异量分别为 3.2%、1.2% 和 0.8%。进入回归方程式预测变量的标准化回归系数 β 值皆为正值。此即表示，大二学生对应用技能的学习投入越多的情感和认知，越是具有乐观的心态和希望感及越低的复原力，其在应用学习上的收获就会越大。其中尤其以越高的情感投入和越乐观的心理特质最为重要。

大三学生的乐观、自我效能、精熟目标、希望和情感投入变量，可以有效预测其应用收获，可解释的总变异量为 41.1%。其中，乐观对大三学生的应用收获预测力最强，可解释的变异量为 27.7%；其次为自我效能，可解释的变异量为 7.5%；精熟目标、希望和情感投入的解释变异量分别为 3.3%、1.6% 和 1.0%。进入回归方程式预测变量的标准化回归系数 β 值皆为正值。此即表示，大三学生对应用技能的学习抱持越高的乐观心态、希望感和自我效能，越清晰的精熟目标，对应用技能的学习有越高的情感投入，其应用学习上的收获就会越大。其中尤其以越乐观的心理特质和越高的自我效能最为重要。

大四学生的情感投入、乐观和认知投入变量，可以有效预测其应用收获，可解释的总变异量为 50.1%。其中，情感投入对大四学生的应用收获预测力最强，可解释的变异量为 41.5%；其次为乐观，可解释的变异量为 5.1%；认知投入对应用收获的解释变异量为 3.5%。进入回归方程式三个预测变量的标准化回归系数 β 值皆为正值。此即表示，大四学生对应用技能的学习有越高的情感投入和认知投入，保持乐观的心态，其在应用学习上的收获就会越大。其中尤其以越高的情感投入和越乐观的心理特质最为重要。

4. 不同年级师范生成就目标、心理资本、学习投入各维度对价值观收获的影响分析

大一学生的情感投入、精熟目标、乐观和认知投入变量，可以有效预测其价值观收获，可解释的总变异量为 39.8%。其中，情感投入对大一学

生的价值观收获预测力最强，可解释的变异量为 28.1%；其次为精熟目标，可解释的变异量为 8.6%；其他依次是乐观和认知投入变量，分别可解释变异量 2.2% 和 1.0%。进入回归方程式预测变量的标准化回归系数 β 值皆为正值。此即表示，大一学生对价值观的学习有越高的情感投入和认知投入、越清晰的精熟目标，越是具有乐观的心态，其在价值观上的收获就会越大。其中尤其以越高的情感投入和越清晰的精熟目标最为重要。

大二学生的情感投入、希望、认知投入和乐观变量，可以有效预测其价值观收获，可解释的总变异量为 42.9%。其中，情感投入对大二学生的价值观收获预测力最强，可解释的变异量为 33.2%；其次为希望，可解释的变异量为 5.1%；其他依次是认知投入和乐观变量，分别可解释变异量 2.5% 和 2.1%。进入回归方程式预测变量的标准化回归系数 β 值皆为正值。此即表示，大二学生对价值观的学习有越高的情感投入和认知投入，具有越高的希望感和乐观的心态，其在价值观上的收获就会越大。其中尤其以越高的情感投入和越高的希望心理特质最为重要。

大三学生的乐观、精熟目标、自我效能、复原力和情感投入变量，可以有效预测其价值观收获，可解释的总变异量为 42.3%。其中，乐观对大三学生的价值观收获预测力最强，可解释的变异量为 28.7%；其次为精熟目标，可解释的变异量为 8.8%；其他依次是自我效能、复原力和情感投入变量，分别可解释变异量 2.5%、1.4%、和 0.9%。进入回归方程式预测变量的标准化回归系数 β 值皆为正值。此即表示，大三学生对价值观的学习有越高的乐观心态和较高的自我效能、越佳的复原力、越清晰的精熟目标、越高的学习投入，其在价值观上的收获就会越大。其中尤其以越高的乐观心态和越清晰的精熟目标最为重要。

大四学生的情感投入、乐观和认知投入变量，可以有效预测其价值观收获，可解释的总变异量为 42.0%。其中，情感投入对大四学生的价值观收获预测力最强，可解释的变异量为 33.9%；其次为乐观，可解释的变异量为 5.4%；认知投入变量对价值观收获的解释变异量为 2.8%。进入回归方程式预测变量的标准化回归系数 β 值皆为正值。此即表示，大四学生对价值观的学习有越高的情感投入和认知投入，保持越乐观的心态，其在价值观上的收获就会越大。其中尤其以越高的情感投入和越乐观的心态最为重要。

三、小结

由前述分析可知，九个预测变量对师范生的学习收获及其各维度，以及不同背景变量下师范生学习收获及其各维度的预测情形都不相同。为了更为清楚地呈现各预测变量对学习收获其各维度影响的重要性，将预测变量的解释力在5%以上的变量整理成表格，如表6-12所示。

由表6-12总结可得：

（一）所有进入回归方程的预测变量对师范生学习收获及其三个维度的解释力分别为51.4%、46.7%、41.5%和39.6%

情感投入对师范生学习收获及其各维度的预测力最高。分别可以解释各预测变量的39.7%、37.6%、30.6%和28.6%。精熟目标对学习收获和价值观收获的解释力次之，分别为5.6%和5.8%，乐观维度对应用收获的解释力次之，为5.2%。

（二）不同性别师范生的学习收获及其各维度的影响因素

对于男生来讲，所有进入回归方程的预测变量对师范生学习收获、专业收获、应用收获和价值观收获的解释力分别为58.3%、52.2%、46.0%和47.0%。其中，情感投入是所有效标变量的重要预测变量，分别占男生学习收获及其各维度的47.5%、44.0%、36.6%和36.2%。其次是精熟目标，对学习收获和价值观收获分别有5.7%和7%的预测力。乐观对男生应用收获有5.1%的预测力。

对于女生来说，所有进入回归方程的预测变量对师范生学习收获、专业收获、应用收获和价值观收获的解释力分别为48.7%、44.5%、39.6%和36.3%。其中，情感投入是学习收获、专业收获、应用收获最重要的预

表6-12　不同背景下师范生成就目标、心理资本、学习投入对学习收获及其各维度的多元逐步回归分析摘要表（高解释力）

	学习收获（%）		解释量	专业收获（%）		解释量	应用收获（%）		解释量	价值观收获（%）		解释量
总体	情感投入 39.7	精熟目标 5.6	51.4	情感投入 37.6		46.7	情感投入 30.6	乐观 5.2	41.5	情感投入 28.6	精熟目标 5.8	39.6
男生	情感投入 47.5	精熟目标 5.7	58.3	情感投入 44.0		52.2	情感投入 36.6	乐观 5.1	46.0	情感投入 36.2	精熟目标 7.0	47.0
女生	情感投入 35.9	精熟目标 5.7	48.7	情感投入 34.5		44.5	情感投入 27.8	希望 5.6	39.6	认知投入 26.2	乐观 6.0	36.3
文管类	情感投入 35.0	精熟目标 5.7	48.7	情感投入 29.9	精熟目标 6.1	42.5	情感投入 28.9	精熟目标 5.6	39.8	认知投入 25.8	精熟目标 8.9	38.1
理工类	情感投入 41.6	乐观 6.4	53.5	情感投入 41.1		49.6	情感投入 31.3	乐观 6.7	43.0	情感投入 30.6	乐观 6.4	41.1
大一	情感投入 36.1	精熟目标 8.7	47.9	情感投入 33.1	精熟目标 6.1	42.7	情感投入 28.0	精熟目标 7.7	38.3	情感投入 28.1	精熟目标 8.6	39.8
大二	情感投入 47.4	希望 5.7	59.0	情感投入 44.9		54.7	情感投入 37.2	乐观 6.1	48.5	情感投入 33.2	希望 5.1	42.9
大三	乐观 34.9	情感投入 9.2	51.5	情感投入 31.9	乐观 7.4	44.5	乐观 27.7	自信 7.5	41.1	乐观 28.7	精熟目标 8.8	42.3
大四	情感投入 52.3		61.5	情感投入 52.8	自信 5.6	60.8	情感投入 41.5	乐观 5.1	50.1	情感投入 33.9	乐观 5.4	42.0

测变量，分别占女生学习收获、专业收获和应用收获的 35.9%、34.5% 和 27.8%。认知投入是女生价值观收获的最重要预测变量，占价值观收获的 26.2%。精熟目标、希望、乐观分别是学习收获、应用收获和价值观收获的次要预测变量。

男生的预测变量对学习收获及其各维度的预测力较强，皆大于女生的预测变量对学习收获及其各维度的预测力。

（三）不同专业师范生的学习收获及其各维度的影响因素

对于文管类学生来讲，所有进入回归方程的预测变量对学习收获、专业收获、应用收获和价值观收获的解释力分别为 48.7%、42.5%、39.8% 和 38.1%。情感投入是文管类学生学习收获、专业收获和应用收获的最重要预测变量，预测力分别为 35.0%、29.9%、28.9%。认知投入是文管类学生价值观收获的首要预测变量，预测力为 25.8%。精熟目标是文管类学生学习收获、专业收获、应用收获及价值观收获的次要预测变量。

对于理工类学生来讲，所有进入回归方程的预测变量对师范生学习收获、专业收获、应用收获和价值观收获的解释力分别为 53.5%、49.6%、43.0% 和 41.1%。情感投入是理工类学生学习收获及其各变量的最重要预测变量，预测力分别为 41.6%、41.1%、31.3% 和 30.6%。乐观是理工类学生学习收获、应用收获和价值观收获的次要预测变量。

理工类学生的预测变量对学习收获及其各维度的预测力较强，皆大于文管类学生的预测变量对学习收获及其各维度的预测力。

（四）不同年级师范生的学习收获及其各维度的影响因素

对大一学生来讲，所有进入回归方程的预测变量对师范生学习收获、专业收获、应用收获和价值观收获的解释力分别为 47.9%、42.7%、38.3% 和 39.8%。情感投入是学习收获及其各维度的最重要预测变量，解释力分别为 36.1%、33.1%、28.0% 和 28.1%。精熟目标是学习收获及其各维度的次重要预测变量。

对大二学生来讲，所有进入回归方程的预测变量对师范生学习收获、专业收获、应用收获和价值观收获的解释力分别为59.0%、54.7%、48.5%和42.9%。情感投入是学习收获及其各维度的最重要预测变量，解释力分别为47.4%、44.9%、37.2%和33.2%。希望是大二学生学习收获和价值观收获的次要预测变量，乐观是应用收获的次要预测变量。

对大三学生来讲，所有进入回归方程的预测变量对师范生学习收获、专业收获、应用收获和价值观收获的解释力分别为51.5%、44.5%、41.1%和42.3%。乐观是大三学生学习收获、应用收获和价值观收获的最重要预测变量，解释力分别为34.9%、27.7%和28.7%。情感投入是大三学生专业收获的首要预测变量，解释力为31.9%。情感投入、乐观、自信、精熟目标分别是师范生学习收获、专业收获、应用收获和价值观收获的次要预测变量。

对大四学生来讲，所有进入回归方程的预测变量对师范生学习收获、专业收获、应用收获和价值观收获的解释力分别为61.5%、60.8%、50.1%和42.0%。情感投入是大四学生学习收获及其各维度的最重要预测变量，解释力分别为52.3%、52.8%、41.5%和33.9%。自信是专业收获的次要预测变量，乐观是应用收获和价值观收获的次要预测变量。

成就目标的两个维度精熟目标和表现目标皆不是大四学生学习收获及其各维度的预测变量。

四、讨论

为了进一步了解师范生成就目标、心理资本和学习投入对学习收获及其各维度的影响，并且在不同背景下，大学师范生成就目标、心理资本和学习投入对学习收获的预测力，本研究通过对师范生成就目标、心理资本、学习投入对学习收获的影响因素进行多元逐步回归分析，并将各预测变量对效标变量的分析结果进行讨论。

（一）师范生成就目标、心理资本、学习投入对学习收获影响分析的讨论

所有进入回归方程的预测变量对师范生学习收获、专业收获、应用收获和价值观收获的解释力分别为 51.4%、46.7%、41.5% 和 39.6%。情感投入对师范生学习收获及其各维度的预测效果最佳。

产生此结果的原因可能有：第一，研究所使用的问卷，其情感投入涉及的是学生的积极情感，也就是说，师范生在学习的时候能够感受到学习是件愉快的事情，并且与老师同学相处愉快，能够全身心地投入学习，产生高峰体验，进入心流状态。这种状态的投入，使得学生能真正对学习产生兴趣，对知识的好奇和求知欲增强，进而学习收获也较高。第二，大学阶段的学生，对学习本身的定义产生了很大改变，对收获的评价不仅是在针对真正投入课堂内容的学习行动，如积极回答问题，认真听老师讲课等，而是更加重视学习本身是不是能带来愉悦感，在学习过程中是否真正感受到对学习本身的兴趣，沉浸在学习本身当中，这些显得更为重要。Sun & Rueda（2012）对 203 名参加在线课程的美国大学生的学习动机、兴趣、自我效能和自我调节与学习投入之间的关系进行研究后发现，情境兴趣和自我调节学习与学生的三种学习投入有显著的相关性，并且提出，要提供必要的技术提高学生的情感投入，这对学生提高自我调节策略是重要的。

此结论与谢睿（2015）、Furrer 与 Skinner（2003）的结果有所不同。他们认为，行为投入与学业收获的关系比情感和认知投入更为显著。可能原因是，Furrer 等人针对的是 3~6 年级的学生，行为投入更加能预测其学业成绩得分。而在本研究中的学习收获，并非指的是学业成绩，而是有更宽泛的内容，包括专业收获、技能收获和价值观上的收获，因此产生了不一致的结果。

精熟目标对学习收获有显著的解释力。此结果与前人的研究结果相一致（Ames，1992；Anderman & Maehr，1994；周炎根，2010；王雁飞、李

云健、黄悦新，2011）。产生此结果的原因可能是，采用精熟目标的师范生，更善于追求对任务本身的意义和自身能力的提高，会把精力集中在学习本身的内在价值上去，能在学习中感到满意和兴趣，并将失败看作提升能力的必经之路，采用更为有效的策略，有利于持续的提高学习收获。

（二）不同背景变量下师范生成就目标、心理资本、学习投入对学习收获影响因素的讨论

1. 不同性别师范生的学习收获及其各维度影响因素的讨论

对男生来讲，所有进入回归方程的预测变量对师范生学习收获、专业收获、应用收获和价值观收获的解释力分别为58.3%、52.2%、46.0%和47.0%。情感投入是所有效标变量的最重要预测变量。其次，精熟目标是学习收获和专业收获的次要预测变量，乐观是男生应用收获的次要预测变量。在过往研究中，未找到男生在成就目标、心理资本和学习投入对学习收获进行回归分析的结论。情感投入是男生学习收获的最重要预测变量，此结果与师范生总样本的回归分析结论相似。乐观是应用收获的重要预测变量的可能原因有：乐观是一种积极的归因风格，有利于在学习遇到困难时付出持续性的努力，不容易沮丧而丧失前进的动力，同时，乐观可以抵御压力和焦虑，促进自我效能，因此对学习收获有较高的预测力。

对于女生来说，所有进入回归方程的预测变量对师范生学习收获、专业收获、应用收获和价值观收获的解释力分别为48.7%、44.5%、39.6%和36.3%。其中，情感投入是学习收获、专业收获、应用收获最重要的预测变量。认知投入是女生价值观收获的最重要预测变量。精熟目标、希望、乐观分别是女生学习收获、应用收获和价值观收获的次要预测变量。认知投入是女生价值观的重要预测变量之原因可能有：价值观是基于人的一定思维感官之上而做出的认知、理解和判断，更多的与人们对事物的认知有关，因此女生在学习过程中通过认知投入，更可能不仅关注知识本身，还思考知识与自身价值观的联系，从而提升价值观收获。

2. 不同专业师范生学习收获及其各维度影响因素的讨论

对于文管类学生来讲，所有进入回归方程的预测变量对师范生学习收获、专业收获、应用收获和价值观收获的解释力分别为 48.7%、42.5%、39.8% 和 38.1%。情感投入是文管类学生学习收获、专业收获和应用收获的最重要预测变量。精熟目标是文管类学生学习收获、专业收获、应用收获及价值观收获的次要预测变量。过往研究中，未发现认知投入对文管类学生的价值观收获有重要预测作用的结论。产生这种结果的可能原因有：第一，学习投入的具体维度不同，致使在研究中找不到相关结论；第二，对文科类师范生来讲，除了专业学习之外，比起高中阶段专注于学业学习，更多的要进行师范生技能、其他方面的实践锻炼，这种在认知上的转变以及不同的实践方式对学生价值观的冲击可能更大，因此要在认知上投入越多，价值观收获才会越高。

对于理工类学生来讲，所有进入回归方程的预测变量对师范生学习收获、专业收获、应用收获和价值观收获的解释力分别为 53.5%、49.6%、43.0% 和 41.1%。情感投入是理工类学生学习收获及其各变量的最重要预测变量。乐观是理工类学生学习收获、应用收获和价值观收获的次要预测变量。过往的研究中，未发现对理工类学生的学习收获单独做回归分析的结论。但根据前面的研究结果，情感投入对理工类学生的学习收获来讲，依然是重要的。出现这种结果的可能原因有：作为大学生群体，无论是理工类学生还是文管类学生，这一群体在学习上有其共有的特点。在现代师范生的学习中，科技快速发展，信息接收渠道多元化，在学校的学习只有真正吸引学生，让学生产生兴趣，投入高度的专注，与老师和同学产生良性的互动，才能让师范生得到较高的学习收获。

3. 不同年级师范生学习收获及其各维度影响因素的讨论

对大一学生来讲，所有进入回归方程的预测变量对师范生学习收获、专业收获、应用收获和价值观收获的解释力分别为 47.9%、42.7%、38.3% 和 39.8%。情感投入是学习收获及其各维度的最重要预测变量。精熟目标是学习收获及其各维度的次重要预测变量。以往的研究中，未有单独对师范生不同年级进行学习收获的回归分析的结论。从大一学生的学习收获来看，情感投入和精熟目标对学习收获来说是重要的，产生这一结果的原因可能是：大一学生刚入校不久，在对大学学习的认识上，对学习的投入尤其是情感的投入非常重视，只有对学习感到有乐趣，产生成就感，才能激起学习的兴趣。同时，有精熟的成就目标对学习收获来说也是重要的。心理资本的各维度对学习收获及其各维度的重要性不是太强的原因可能是：大一学生还处于高中到大学生活的衔接和转变阶段，对心理资本的研究集中在对学校适应性的研究上，且心理资本对学生的适应性问题的预测效果比较好（赵媛媛，2015）。关注大一学生心理资本与学业收获的研究偏少。

对大二学生来讲，所有进入回归方程的预测变量对师范生学习收获、专业收获、应用收获和价值观收获的解释力分别为 59.0%、54.7%、48.5%和42.9%。情感投入是学习收获及其各维度的最重要预测变量。希望是大二学生学习收获和价值观收获的次要预测变量，乐观是应用收获的次要预测变量。与大一学生相比，情感投入亦是非常重要的变量。除此之外，心理资本中的希望和乐观变量成为大二学生学习收获及其变量的次要预测变量。产生这种结果的可能原因是：大二学生已经度过了大学生活阶段的转型期，对大学有了一定的了解，会设定清晰的学习目标来达成。除了课程学习外，他们会参加各种校园内外的课外活动来提高实践能力，提升师范生技能，因此需要对未来有强烈的希望感，并持之以恒地付出努力，对学习和生活的归因方式倾向乐观，才能在学习上有较大的收获。

对大三学生来讲，所有进入回归方程的预测变量对师范生学习收获、专业收获、应用收获和价值观收获的解释力分别为 51.5%、44.5%、41.1%和42.3%。乐观是大三学生学习收获、应用收获和价值观收获的最重要预测变量。情感投入是大三学生专业收获的首要预测变量。情感投入、乐观、自信、精熟目标分别是师范生学习收获、专业收获、应用收获和价值观收获的次要预测变量。从大三学生的学习收获预测看，心理资本中的乐观变量在大三学生的学习中变得非常重要。产生此种结果的可能原因为：大三学生处于师范生生涯阶段的重要转折点，他们面对多重压力，包括社会兼职工作、继续担任学生干部、准备考研学习、准备教师资格能力证书备考等，面对这些压力及未来的不确定性，学生需要对学习抱有乐观向上进取的态度，相信自己有能力找到解决办法，保持较好的学习投入才能达成未来期待的目标。

对大四学生来讲，所有进入回归方程的预测变量对师范生学习收获、专业收获、应用收获和价值观收获的解释力分别为 61.5%、60.8%、50.1%和42.0%。情感投入是大四学生学习收获及其各维度的最重要预测变量。自我效能是专业收获的次要预测变量，乐观是应用收获和价值观收获的次要预测变量。产生这种结果的可能原因是：大四学生的共同的特点是情感投入在学习收获中的作用是重要的，同时，大四学生面临毕业，同时部分学生已经有了实习、找工作等经历，与来自不同类型学校、不同地区和专业的同龄人竞争同一教职，需要有较高的自我效能，并持续地在就业市场上参与竞争，经过面试失败的挫折和面试成功的经历，并反复强化成功的经验，才能获得较高的学习收获。

第三节　师范生成就目标、心理资本、学习投入对学习收获的模型建构

本节的主要目的在于探讨师范生成就目标、心理资本、学习投入对学习收获影响机制的假设模型是否成立。采用结构方程式模型来检验各测量工具的组合信度与平均变异抽取量，并以路径模式检验各个潜在变量之间的理论关系与中介效果。

一、师范生成就目标、心理资本、学习投入对学习收获影响的测量模型

Anderson 和 Gerbing（1988）建议，检验结构模式之前需先检验测量模式，确定其具有可接受的适配程度后，方可进行结构模型的验证。在本研究的模型中，删去违反多元常态性的样本之后，以 1082 位师范生为观察样

本，对师范生成就目标、心理资本、学习投入对学习收获机制的 CFA 模型
进行评估。测量模式图见图 6-1。下面将分析结果说明如下。

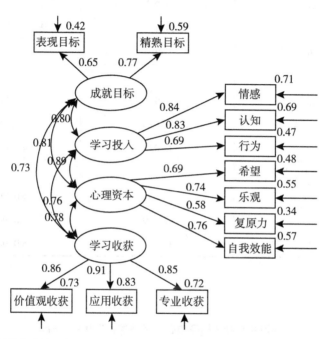

图 6-1　师范生成就目标、心理资本、学习投入对学习收获影响模型的 CFA 模型图

本测量模式检验结果显示适配程度良好（χ^2 = 349.13、df = 48、
GFI = 0.946、CFI = 0.959、NFI = 0.953、RMSEA = 0.076、SRMR =
0.036），标准化因素负荷量介于 0.58 ~ 0.91，且皆达显著水平（$p <$
0.001）。各个潜在变量的平均变异抽取量介于 0.48 ~ 0.76，组合信度介于
0.67 ~ 0.91，符合余民宁（2006）、Hair、Black、Babin 及 Anderson
（2010）及 Fornell 与 Larcker（1981）建议的标准，测量模型结果显示本研
究工具具有良好的信度与效度，后续结构模型验证不会受到测量误差的严
重影响。此外，潜在预测变量、潜在中介变量以及潜在效标变量之间的相
关系数也皆达显著水平（$p < 0.001$），测量模型详细数据如表 6-13、表 6-14
与表 6-15 所示。

表 6-13 　　　　　师范生学习收获测量模型的适配度检验指标

检验项目	测量模型	判断标准
N	1082	
χ^2	349.13***	未达接受标准
df	48	
整体适配度指标		
GFI	0.946	>0.90
RMSEA	0.076	<0.08
SRMR	0.036	<0.08
比较适配度指标		
NFI	0.953	>0.90
CFI	0.959	>0.90
TLI	0.944	>0.90

*** $p < 0.001$

表 6-14 　　　　　学习收获测量模型中各项参数的标准化估计值

潜在因素与测量变量	标准化因素负荷量	标准误	t 值	平均变异抽取量	组合信度
成就目标				0.51	0.67
表现目标	0.65	—	—		
精熟目标	0.77	0.069	18.49		
学习投入				0.62	0.83
行为投入	0.69	—	—		
认知投入	0.83	0.046	24.09		
情感投入	0.84	0.045	24.33		
心理资本				0.48	0.79
自我效能	0.76	—	—		
复原力	0.58	0.047	18.43		

潜在因素与测量变量	标准化因素负荷量	标准误	t 值	平均变异抽取量	组合信度
乐观	0.74	0.042	23.73		
希望	0.69	0.039	22.06		
学习收获				0.76	0.91
专业收获	0.85	—	—		
应用收获	0.91	0.028	38.51		
价值观收获	0.86	0.031	35.28		

注：所有标准化因素负荷量皆达显著水平（$p < 0.001$）

表 6-15　　**学习收获测量模型潜在变量之间的相关系数矩阵**

潜在变量	1	2	3	4
1 成就目标	1			
2 心理资本	0.81	1		
3 学习投入	0.80	0.89	1	
4 学习收获	0.73	0.78	0.76	1

注：所有相关系数皆达显著水平（$p < 0.001$）

二、师范生成就目标、心理资本、学习投入对学习收获影响的结构模型与中介效果检验

本研究以成就目标、心理资本为潜在自变量，分别对潜在中介变量学习投入与潜在效标变量学习收获进行结构模型的检验。结果显示出可接受的适配情况（$X^2 = 349.13$、$df = 48$、$GFI = 0.946$、$CFI = 0.959$、$NFI = 0.953$、$RMSEA = 0.076$、$SRMR = 0.036$），显示本研究的结构模型成立。所有标准化结构系数皆达显著（$p < 0.01$），成就目标对学习投入的标准化结构系数为 0.22；学习投入对学习收获的标准化结构系数为 0.21；心理资

本对学习投入的标准化结构系数为 0.71。学习收获影响机制的结构模型图见图 6-2。

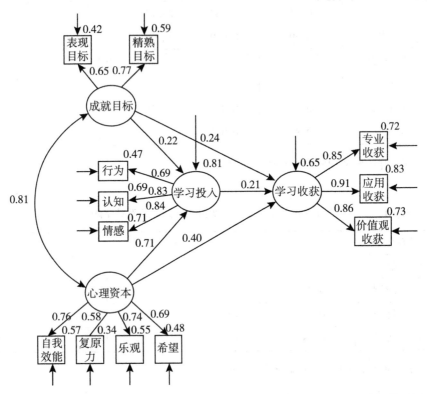

图 6-2　师范生成就目标、心理资本、学习投入对学习收获影响机制的完整模型图

MacKinnon、Lockwood、Hoffman、West 与 Sheets（2002）以 I 型错误率（Type I error）与统计检验力（statistical power）评估各种检验中介效果的方法，其中，最常被使用的 Baron 与 Kenny（1986）的显著性推论策略（γ11 与 β1 皆需显著）的检验力最低。其次，Sobel（1982）纳入路径系数与标准误的计算方式（γ11 * β1 需显著），也因为小样本情况下可能违反常态分配而为人诟病。近年来，Shrout 和 Bolger（2002）建议采用拔靴法（Bootstrapping）来提高估计值的正确性。拔靴法是一种透过重复取样（resampling）的程序，以获得中介效果（γ11 * β1）的平均数及 95% 信赖

区间（95% CI）的方法。根据中央极限定理，样本平均数所形成的抽样分配必为常态，故拔靴法在样本违反常态假设的情况下对中介效果的检验依然具有强韧性。基于 Shrout 和 Bolger（2002）的建议，倘若 1000 次抽样所得到的中介效果之 95% CI 不包含 0，则表示可拒绝中介效果为 0 的虚无假设；换言之，中介效果达到显著水平（$p<0.05$）时，可宣称其存在。

（一）直接效果

表 6-16 为路径模型所估计得出的标准化系数的结果。在直接效果方面，师范生成就目标对学习投入的直接效果量为 0.22，且达 $p<0.001$ 显著水平；师范生心理资本对学习投入的直接效果量为 0.71，且达 $p<0.001$ 显著水平；师范生学习投入对学习收获的直接效果量为 0.21，且达 $p<0.001$ 显著水平；师范生成就目标对学习收获的直接效果量为 0.24，且达 $p<0.001$ 显著水平；师范生心理资本对学习收获的直接效果量为 0.40，且达 $p<0.001$ 显著水平。这些参数估计的结果显示，本研究所提出的直接效果的假设关系，能够获得实证数据的支持，且系数较为理想。

（二）间接效果

如表 6-16 所示，成就目标通过学习投入作为中介，对学习收获的影响效果为 0.047，其 95% 置信区间介于 0.004~0.107，并未包含 0 在内，显示中介效果达显著水平（$p<0.05$）。心理资本通过学习投入作为中介，对学习收获的效果为 0.149，其 95% 置信区间介于 0.010~0.281，并未包含 0 在内，显示中介效果达显著水平（$p<0.05$）。中介效果的分析结果表示，成就目标对于提高学习收获，既可以直接影响学习收获（0.24，$p<0.001$），又可以通过学习投入来提高学习收获（0.047，$p<0.001$）。心理资本对于学习收获的提高，既可以直接影响学习收获的提高（0.71，$p<0.001$），又可以通过学习投入达到提高学习收获的效果（0.149，$p<0.05$）。

表 6-16　　　　　师范生学习收获机制路径系数与中介检验摘要表

路径系数	标准系数	95% 置信区间
成就目标→学习投入	0.22 ***	
心理资本→学习投入	0.71 ***	
学习投入→学习收获	0.21 ***	
成就目标→学习收获	0.24 ***	
心理资本→学习收获	0.40 ***	
成就目标→学习投入→学习收获	0.047	0.004~0.107
心理资本→学习投入→学习收获	0.149	0.010~0.281

*** $p < 0.001$

（三）整体效果

由表 6-16 可知，师范生成就目标对学习收获的整体效果包括成就目标对学习收获的直接效果值 0.24，与成就目标通过学习投入影响学习收获的间接效果值 0.047，整体效果的值为 0.287，且达 $p < 0.001$ 的显著水平；师范生心理资本对学习收获的整体效果包括心理资本对学习收获的直接效果值 0.40，与心理资本通过学习投入影响学习收获的间接效果值 0.149，整体效果的值为 0.549，且达 $p < 0.001$ 的显著水平。

三、小结

本节主要针对本研究所提出师范生成就目标、心理资本、学习投入对学习收获影响机制进行检验，综合前述的分析结果，学习收获影响机制的模型检验结果堪称理想，显示假设模型与观察数据具有相当程度的契合度，检验结果显示，本研究所提出的师范生成就目标、心理资本、学习投入对学习收获影响机制的模型获得实证数据的支持。

在直接效果方面，分析结果显示，本研究所提出的假设关系均获得支持。意即师范生成就目标、心理资本对学习投入有直接效果，表示师范生成就目标和心理资本对其学习投入有正向的直接影响力；师范生学习投入对学习收获有直接效果，表示师范生的学习投入对学习收获有正向的直接影响力；师范生成就目标和心理资本对其学习收获有直接效果，表示师范生的成就目标和心理资本对其学习收获有正向的直接影响力。

在间接效果方面，分析结果显示，师范生成就目标会通过学习投入来影响其学习收获；师范生的心理资本会通过学习投入来影响其学习收获，结果支持本研究所提出的影响机制假设模型。这样的结果显示，师范生成就目标与心理资本，均会通过学习投入，对学习收获产生显著的正向影响。

四、讨论

本研究以1136名广东省普通师范本科高校的非公费师范生为研究对象，进行成就目标、心理资本、学习投入对学习收获影响机制的模型构建与验证。模型结果显示，影响师范生学习收获的个体心理状态和内隐能力观，勾勒出影响师范生学习行为和学习收获的个体因素，本研究认为，成就目标不仅直接影响师范生的学习收获，而且会通过提高学生在学习中的投入，来间接影响其学习收获。同时，心理资本作为个体的优势心理资源，不仅对学生的学习收获有直接、有力的影响作用，同时，也会通过学习投入的中介作用，来间接影响学生的学习收获。兹就学习收获影响机制模型结果讨论说明如下。

（一）师范生成就目标、学习投入与学习收获间关系的讨论

需要说明的是，在假设模型检验时，潜在变量"成就目标"的测量用"表现—趋近目标"、"表现—回避目标"和"精熟目标"三个观察变量去测量，模型无法适配。但是用"表现目标"和"精熟目标"来测量，模型适配完美。这表明，本研究中实际结果与原理论有差异。测量成就目标只包含表现目标和精熟目标。出现这种情况的可能原因有：第一，师范生在表现—回避目标上的信度不高，表示师范生可能不太采用表现—回避目标

方式去学习，可能有其他的成就目标是本研究没有测量到的。第二，成就目标有不同的理论，从收集到的观察数据来看，师范生的成就目标更符合二维度的成就目标理论，即精熟目标和表现目标。当成就目标从二维度发展到三维度，虽然确定了三维度的稳定性，但对学习行为和学习收获的影响未有一致结论。而二维度的成就目标，虽然对事实的解释力度可能不够，但相对来说，结论比较一致。个体并不仅持有单一的目标，会根据不同的情境和任务有选择地选择目标。

不同的成就目标不同的认知、情感和行为方式。从师范生成就目标与学习投入的关系来看，其成就目标会直接影响学习投入的程度。从本研究的结果可知，成就目标与学习投入之间的路径系数为 0.22，表示师范生可以通过建立积极的成就目标来提高学习的投入，此研究结果与李永占（2015）、王学坚（2011）和周方（2015）的研究结果相仿，该研究指出，精熟—趋近目标和表现—趋近目标对学习投入都有正向的预测作用。精熟目标越高，说明学生更关注自身能力的提高，认为通过努力学习可以提升自身的能力，会努力不懈，相应的学习投入水平会更高。表现目标虽然认为能力是固定不变的，但是因为追求外在优异的成绩和表现，以获得基于社会比较的评价，因此学生也会在学习活动中积极努力，学习投入水平也会比较高。

从学习投入与学习收获关系来看，师范生的学习投入会直接影响学习收获的程度。从本研究的结果可知，成就目标与学习投入之间的路径系数为 0.21，表示师范生的学习投入越大时，学习收获也会越大。学习投入与学习收获的关系明确，与过往研究发现相对一致（廖友国、陈敏，2014；王文博，2015；谢睿，2015；许长勇，2013；王阳，2015）。

从师范生成就目标与学习收获的关系来看，师范生的成就目标不仅直接正向影响到学习收获，并且能够通过学习投入来间接影响学生学习收获的程度。从本研究的结果可知，成就目标与学习收获之间的直接路径系数为 0.24，成就目标通过学习投入来间接影响学习收获的路径系数为 0.047，学习投入是成就目标和学习收获的部分中介。成就目标对学习收获的直接效果占 83.6%，成就目标通过学习投入来影响学习收获的间接效果为 16.4%。验证了学习投入是成就目标和学习收获的中介变量。师范生无论是持有精熟目标还是掌握目标，除了可以通过直接驱动学生的学习动机和行为来影响学习收获外，高成就目标的师范生，情感投入较高，在行为上表现出更高的投入，比如更多的学习时间、专注完成任务、主动参与课外学习，也会花时间进行更深入的思考和理解，从而获得更高的学习收获。

（二）师范生心理资本、学习投入与学习收获间关系的讨论

在 Youssef 与 Luthans（2011）的研究中指出，探究心理资本在工作场所以外的关系，更能了解心理资本在各场域所发挥的作用。本研究对师范生群体的心理资本与学习之间关系的探究，延伸至教育领域，探索在组织行为领域之外，学生的学习表现和收获。

师范生所拥有的心理资本，会对其学习投入的程度产生正向的影响效果，是影响学习投入的原因之一。从本研究的结果可知，心理资本与学习投入之间的路径系数为 0.71，由模式中路径系数的强度可知，心理资本对学习投入的影响是非常重要的。本研究结果与过往研究部分一致（廖友国，2011；刘湘玲，2016）。从组织行为的角度看，拥有越高心理资本的个体，会拥有较好的工作满意度，所展现出来的工作投入程度也会越高（Luthans, Avolio, Avey & Norman, 2007）。由此可以看出，心理资本在师范生学习中扮演着影响学生心理状态和行为的重要因素，是影响学习投入的重要因子。

心理资本对学习收获之间具有影响的方向性，从本研究的结果可知，心理资本与学习收获之间的路径系数为 0.40，两者具有显著相关，本研究结果与过去文献评阅结果一致（吴双双，2013；王鹏军，2012）。也就是说，心理资本的增值，可以直接提升学生的学习收获。师范生面对挑战拥有自我效能，面对挫折坚韧不拔，面对未来充满希望和乐观，这些心理资本都可以提升其在学习中的学习收获。同时，心理资本也可以通过影响学生的学习投入来影响学习收获，路径系数为 0.149，学习投入是心理资本

和学习收获的部分中介。心理资本对学习收获的直接效果占 72.9%，心理资本通过学习投入来影响学习收获的间接效果为 27.1%。当师范生具有较高的心理资本，他们会在学习过程中更加积极、专注，更加经常设立明确的学习目标，并相信通过努力能够达成这些目标。这种乐观的态度使他们在学习中保持持续的热情，会在学习过程中表现出更多的行为、情感和认知投入，而这些投入最终会提升他们的学习成果。

第七章 结论与建议

第一节 结 论

一、师范生成就目标、心理资本、学习投入与学习收获的现状分析

（一）师范生成就目标的概况与差异

1. 师范生在精熟目标上的得分最高，表示师范生在成就目标中，比较认同并使用精熟目标。在表现目标上的得分处于中等程度。

2. 不同性别师范生在"表现目标""精熟目标"和"成就目标"总分上的得分不存在显著差异。

3. 不同专业师范生在"表现目标"上存在显著差异，理工类学生的"表现目标"得分高于文管类学生，在"精熟目标"和"成就目标"总分上不存在显著差异。

4. 不同年级师范生在"表现目标""精熟目标"和"成就目标"总量上不存在显著差异。

（二）师范生心理资本的概况与差异

1. 师范生的心理资本程度较好，拥有程度尚算充足，在希望和乐观上的表现相对较好，在自我效能上的表现一般，在复原力上的表现稍显

不足。

2. 不同性别师范生在"自我效能"上存在显著差异，男生的自我效能显著大于女生，而不同性别师范生在"复原力""希望""乐观"和"心理资本"的表现上不存在显著差异。

3. 不同专业师范生在"自我效能""复原力""希望""乐观"和"心理资本"上皆存在显著差异，且理工类学生的表现显著高于文管类学生。

4. 不同年级师范生在"希望"和"心理资本"上存在显著差异，大一和大三学生在"希望"上的表现显著低于大四学生，大一学生的心理资本总分显著小于大四学生，在"自我效能""复原力"和"乐观"上不存在显著差异。

（三）师范生学习投入的概况与差异

1. 师范生的学习投入情形较好，师范生在情感投入和认知投入上达到较高水平，而在行为投入上的表现不足。

2. 不同性别师范生在"行为投入"和"学习投入"总分上达显著差异，男生在行为投入和学习投入上的表现显著优于女生，而不同性别师范生在"情感投入"和"认知投入"上均无显著差异。

3. 不同专业师范生在"认知投入"上存在显著差异，理工科师范生在认知投入上的认知水平优于文管类学生，不同专业师范生在"行为投入""情感投入"和"学习投入"总分上均无显著差异。

4. 不同年级师范生在"行为投入""情感投入""认知投入"和"学习投入"上的表现皆无显著差异。

（四）师范生学习收获的概况与差异

1. 师范生学习收获在中等偏上程度，收获水平良好，在专业收获、应用收获和价值观收获上，皆达到较高水平。

2. 不同性别师范生在"专业收获""应用收获""价值观收获"以及

"学习收获"总分上，均无显著差异。

3. 不同专业师范生在"专业收获""应用收获""价值观收获"以及"学习收获"总分上，均无显著差异。

4. 不同年级师范生在"专业收获""应用收获"以及"学习收获"总分的表现上存在显著差异，大四学生在"专业收获"上显著优于大二、大三学生，大四学生在"应用收获"上显著优于大二学生，大四学生在"学习收获"总分上显著优于大二、大三学生。不同年级师范生在"价值观收获"上无显著差异。

二、师范生成就目标、心理资本、学习投入与学习收获的关系

（一）师范生成就目标、心理资本、学习投入与学习收获的相关关系

1. 在师范生成就目标与学习投入的关系上，两者之间具有中等程度的显著正向相关关系，成就目标越高，其在学习上的投入也就越高。

2. 在师范生心理资本与学习投入的关系上，两者之间具有中等程度的显著正向相关关系。师范生拥有的心理资本越丰厚，其在学习投入上的程度就会越高。

3. 在师范生学习投入和学习收获的关系上，两者之间具有中等偏上程度的显著正向相关关系。师范生学习投入的程度越高，其在学习上的收获也就越丰厚。

4. 在师范生成就目标和学习收获的关系上，两者之间具有中等程度的显著正向相关关系。师范生的成就目标越大，其学习收获越多。

5. 在师范生心理资本与学习收获的关系上，两者之间具有中等程度的显著正向相关关系，师范生拥有的心理资本越高，在学习上的收获就会越多。

（二）师范生成就目标、心理资本、学习投入各维度与学习收获各维度的相关关系

1. 成就目标各维度与学习投入各维度的相关关系

师范生"表现目标"与行为投入、情感投入和认知投入之间存在中等程度正相关。

师范生"精熟目标"与行为投入、情感投入、认知投入之间呈现中等程度正相关。

2. 心理资本各维度与学习投入各维度的相关关系

师范生"自我效能"与行为投入、认知投入之间存在中等程度正相关。

师范生"复原力"与情感投入和认知投入之间存在显著正相关，但相关程度较弱，与行为投入之间无显著相关。

师范生"希望"与行为投入之间呈现低度正相关，与情感投入、认知投入之间呈现中等程度正相关。

师范生"乐观"与行为投入、情感投入、认知投入之间呈现中等程度正相关。

3. 学习投入各维度与学习收获各维度的相关关系

师范生"行为投入"与专业收获之间存在中等程度正相关，与应用收获和价值观收获之间存在低度正相关关系。

师范生"情感投入"与专业收获、应用收获、价值观收获之间存在显著正相关，且相关程度皆较高。

师范生"认知投入"与专业收获、应用收获、价值观收获之间呈现中等程度正相关的状况。

4. 成就目标各维度与学习收获各维度的相关关系

师范生"表现目标"与专业收获、应用收获、价值观收获和学习收获之间存在低等程度正相关。

师范生"精熟目标"与专业收获、应用收获、价值观收获和学习收获

之间呈现中等程度显著正相关。

5. 心理资本各维度与学习收获各维度的相关关系

师范生"自我效能""希望""乐观"与专业收获、应用收获、价值观收获和学习收获之间存在中等程度正相关。

师范生"复原力"与专业收获、应用收获、价值观收获和学习收获之间存在较低程度的正相关。

师范生"乐观"与专业收获、应用收获和价值观收获之间的相关程度最大。

（三）师范生成就目标、心理资本、学习投入对学习收获的影响因素分析

1. 师范生成就目标、心理资本、学习投入对学习收获及其各维度的影响分析

在学习收获方面，师范生的情感投入、精熟目标、乐观、认知投入、希望和自我效能变量，可以有效预测其学习收获，可解释的总变异量为51.4%。情感投入的预测力最强，可解释的变异量为39.7%；其次为精熟目标，可解释的变异量为5.6%。

在专业收获方面，师范生的情感投入、精熟目标、自我效能、认知投入、希望、行为投入、乐观和表现目标变量，可以有效预测其专业收获，可解释的总变异量为46.7%。其中，情感投入的预测力最强，可解释的变异量为37.6%。

在应用收获方面，师范生的情感投入、乐观、精熟目标、希望、自我效能、认知投入和复原力变量，可以有效预测其应用收获，可解释的总变异量为41.5%。其中，情感投入的预测力最强，可解释的变异量为30.6%；其次为乐观，可解释的变异量为5.2%。

在价值观收获方面，师范生的情感投入、精熟目标、乐观、认知投入、自我效能和希望变量，可以有效预测其价值观收获，可解释的总变异量为39.6%。其中，情感投入的预测力最强，可解释的变异量为28.6%；

其次为精熟目标，可解释的变异量为 5.8%。

2. 不同背景变量下师范生成就目标、心理资本、学习投入对学习收获及各维度的影响分析

（1）不同性别师范生的学习收获及其各维度的影响因素分析

对于男生来讲，所有进入回归方程的预测变量对学生学习收获、专业收获、应用收获和价值观收获的解释力分别为 58.3%、52.2%、46.0% 和 47.0%。其中，情感投入是所有效标变量的重要预测变量，分别占男生学习收获及其各维度的 47.5%、44.0%、36.6% 和 36.2%。其次是精熟目标，占学习收获和价值观收获 5.7% 和 7% 的预测力。乐观占男生应用收获 5.1% 的预测力。

对于女生来说，所有进入回归方程的预测变量对学生学习收获、专业收获、应用收获和价值观收获的解释力分别为 48.7%、44.5%、39.6% 和 36.3%。其中，情感投入是学习收获、专业收获、应用收获最重要的预测变量，分别占女生学习收获、专业收获和应用收获的 35.9%、34.5% 和 27.8%。认知投入是女生价值观收获的最重要预测变量，占价值观收获 26.2% 的预测力。精熟目标、希望、乐观分别是学习收获、应用收获和价值观收获的次要预测变量。

男生的预测变量对学习收获及其各维度的预测力较强，皆大于女生的预测变量对学习收获及其各维度的预测力。

（2）不同专业师范生的学习收获及其各维度的影响因素分析

对于文管类学生来讲，所有进入回归方程的预测变量对学习收获、专业收获、应用收获和价值观收获的解释力分别为 48.7%、42.5%、39.8% 和 38.1%。情感投入是文管类学生学习收获、专业收获和应用收获的最重要预测变量，预测力分别为 35.0%、29.9%、28.9%。认知投入是文管类大学生价值观收获的首要预测变量，预测力为 25.8%。精熟目标是文管类学生学习收获、专业收获、应用收获及价值观收获的次要预测变量。

对于理工类学生来讲，所有进入回归方程的预测变量对学习收获、专业收获、应用收获和价值观收获的解释力分别为 53.5%、49.6%、43.0%

和 41.1%。情感投入是理工类学生学习收获及其各变量的最重要预测变量，预测力分别为 41.6%、41.1%、31.3% 和 30.6%。乐观是理工类学生学习收获、应用收获和价值观收获的次要预测变量。

理工类学生的预测变量对学习收获及其各维度的预测力较强，皆大于文管类学生的预测变量对学习收获及其各维度的预测力。

（3）不同年级大学生的学习收获及其各维度的影响因素分析

对大一学生来讲，所有进入回归方程的预测变量对师范生学习收获、专业收获、应用收获和价值观收获的解释力分别为 47.9%、42.7%、38.3% 和 39.8%。情感投入是学习收获及其各维度的最重要预测变量，预测力分别为 36.1%、33.1%、28.0% 和 28.1%。精熟目标是学习收获及其各维度的次重要预测变量。

对大二学生来讲，所有进入回归方程的预测变量对师范生学习收获、专业收获、应用收获和价值观收获的解释力分别为 59.0%、54.7%、48.5% 和 42.9%。情感投入是学习收获及其各维度的最重要预测变量，预测力分别为 47.4%、44.9%、37.2% 和 33.2%。希望是大二学生学习收获和价值观收获的次要预测变量，乐观是应用收获的次要预测变量。

对大三学生来讲，所有进入回归方程的预测变量对师范生学习收获、专业收获、应用收获和价值观收获的解释力分别为 51.5%、44.5%、41.1% 和 42.3%。乐观是大三学生学习收获、应用收获和价值观收获的最重要预测变量，预测力分别为 34.9%、27.7% 和 28.7%。情感投入是大三学生专业收获的首要预测变量，预测力为 31.9%。情感投入、乐观、自信、精熟目标分别是师范生学习收获、专业收获、应用收获和价值观收获的次要预测变量。

对大四学生来讲，所有进入回归方程的预测变量对师范生学习收获、专业收获、应用收获和价值观收获的解释力分别为 61.5%、60.8%、50.1% 和 42.0%。情感投入是大四学生学习收获及其各维度的最重要预测变量，预测力分别为 52.3%、52.8%、41.5% 和 33.9%。自信是专业收获的次要预测变量，乐观是应用收获和价值观收获的次要预测变量。

（四）师范生成就目标、心理资本、学习投入对学习收获影响之模型验证

模型整体适配度较为理想，"师范生成就目标、心理资本、学习投入对学习收获影响模型"获得实际观察数据的验证。

模型中各变量有显著的直接效果。师范生"成就目标"对"学习投入"有显著的正向直接效果；师范生"成就目标"对"学习投入"有显著的正向直接效果；师范生"学习投入"对"学习收获"有显著的正向直接效果；师范生"成就目标"对"学习收获"有显著的正向直接效果；师范生"心理资本"对"学习收获"有显著的正向直接效果。

模型中各变量间有显著的间接效果。师范生的"成就目标"会通过"学习投入"对"学习收获"产生显著的正向间接效果；师范生的"心理资本"会通过"学习投入"对"学习收获"产生显著的正向间接效果。

第二节 建 议

本研究探讨师范生成就目标、心理资本、学习投入和学习收获的关系，参照研究结果，针对提升师范生学习收获上，提出改善师范生学习收获的建议，以供高等教育实务现场和未来研究需要参考。

一、将培养师范生的成就目标作为教育的重点工作

（一）师范生要端正学习动机，树立正确的学习观

在本研究中，在师范生的成就目标中，最重视精熟目标，但是也有不少师范生偏向于表现目标。个体的成就动机并不是单一的，个体可能在不同程度上同时采用多种目标，也可能在特定环境中采用一种成就目标。Dweck 认为，成就目标受个体的特点影响较大，具有跨情境的个性特质，Ames 认为，成就目标更多的是受环境的影响较大，无论是哪种观点，成就

目标都是可以改变和培养的。

要成为有效的学习者，首先要了解自己为何学习，才会对学习具有持久的动力，方向也更为明确。大学生通过参加高考的方式进入大学接受高等教育，有些学生出于追求外在目标，受到外来压力（如父母压力，同侪影响，社会舆论等），也有的学生是出于对学习的热爱和对大学的向往。无论学生个人是主观愿意接受大学教育，还是因外在压力而进入大学，真正了解自己读大学的真正动机，进而了解自己的成就目标类型都是非常重要的。正确的动机和精熟的成就目标，有助于端正学习态度，改善学习效果，提升自身能力。学校也应引导学生明确学习的目的及意义，使他们认识到学习不仅是为了成绩，更是为了掌握专业知识，提升实践能力，树立正确的价值观。

（二）教师要了解师范生的成就目标类型，合理的表扬和批评学生

在学校环境中，教师要了解学生的成就目标类型，对不同成就目标的学生给予不同的指导。形成师范生成就目标的因素有很多，既有外在的环境因素，也有学生自身因素。从教师角度来讲，教师让学生了解到成就目标定向可能对学习产生的影响，同时，辅之以精熟目标的培养和正确的学习策略，让其有成功的学习经验，从而使学生形成积极的成就目标，而不仅是追求外部奖励或者避免失败，通过课程设计与活动安排，使学生逐渐形成正确的学习观，增强其自主学习的积极性。

同时，教师应多给予学生积极的关注，不只是用成绩来衡量学生的好坏，关注学生能力的提升和自身的发展，鼓励合作共学，让学生认识到学习的价值，在不断的实践和学习中提升能力。同时，要合理的表扬和批评，尽量避免外在评价，鼓励和表扬学生的努力。

（三）学校要有正确的教育理念，提供良好的客观教育环境

学校应把握师范生的学习心理，为学生提供发挥自身潜能的机会和空

间，鼓励尝试，关注学习的过程，和学生在达成目标过程中付出的努力，少强调结果，减少盲目攀比，形成良好的竞争环境和氛围，培植学生内在的自我价值感。同时，实施有效的激励和评价机制，考察学生的实践能力、团队合作精神，多维评估，全面反映学生的学习收获。

二、培育师范生的心理资本，尤其是复原力的提升

（一）师范生对自己要有正确的认识和评价，有意识地磨练意志

从研究结果来看，师范生的心理资本还有进一步可以开发的空间。尤其需要重视的问题是，现代师范生的复原力普遍较差。针对学生提出如下建议：

第一，师范生首先要意识到心理资本对学习收获中的重要作用。从学习收获的模型看，心理资本对师范生学习收获的整体效果为 0.549，远高于成就目标对学习收获的影响。因此，心理资本对学习收获的影响是非常重要的，在自身成长和未来发展中的重要作用不容小觑。

第二，正确认识自我，了解自身的优点和不足。从研究结果来看，师范生的复原力还有继续提升的空间，学生在遇到问题和挫折时，多进行积极的心理暗示，磨炼意志，提高克服逆境的能力。

第三，师范生除了形成未来职业所需要的知识、技能和信念之外，还要有意识地积累心理资本。应该积极参加有利于自身成长的活动，在实践中发现自身的不足，锻炼面对困难时的抗压能力，提高复原力，提升自我效能感。同时培养自己乐观向上的积极心态和归因风格，运用正确的方式调整自身情绪。

（二）教师重视师范生的心理资本，并根据师范生特点进行心理资本培育

在现行高等教育管理体制下，影响学生成长和管理的主体为高校辅导

员和专任教师。从本研究中发现，女生的自我效能感相对来说较低，文科类学生的心理资本总体上比理工科学生更弱，大一学生相对大四学生的心理资本要低。因此，与学生教育教学密切相关的两类教师要根据学生的心理资本的普遍情况和心理发展特点，进行分性别、分专业、分年级的递进式心理资本课程培育。因此，在进行师范生心理资本的开发和课程的设计上，需要注意以下几个方面：

第一，针对女生的自我效能感较低的情况，鼓励女生改变性别的刻板印象，建立两性平等的观念，多鼓励女生积极参与各类活动，无论是课程课业竞赛还是体育运动，在行动、参与中获得积极的自我效能感。

第二，针对文管类学生心理资本相对较弱的情况，文管类的教师在课程设置中，重视增加专业课程中积极心理学的相关内容，并紧密结合学生的实际生活，在课程中设计多元化课程，类似团体辅导、心理资本干预训练等，注意课程评价的综合性。培育文管类学生的积极心理，增强其心理优势。

第三，大一学生心理资本较低的可能原因是，学业和生活相比较之前都有了很大变化。针对此种情况，加强学生对专业的认知，构建专业兴趣，引起学习热情和求知欲望。同时，注意大一学生的适应性问题，引导学生建立和谐的人际关系，勇敢面对来自学习和生活的挑战，用乐观的心态融入大学生活。

（三）学校加强心理健康咨询中心的有效性

当前高校都设有心理健康咨询中心，从目前的问题来看，一方面，受中国传统文化的影响，身体的疾病更容易被理解和接纳，但心理健康常常会被污名化和标签化，使得师范生虽然受心理困扰，但主动到专业心理咨询中心去寻求帮助的学生较少；另一方面，学校在为学生提供心理咨询时，着重放在了普及心理健康知识、解决学生的心理障碍和预防心理问题方面，较少涉及开发学生的积极心理质量，提升正向潜能的开发。

基于两方面的考虑，因此，一方面建议高校开设正式的积极心理教育的公选课程，让学生对积极心理有基本知识的了解，或者请不同领域（例如，营养师、医生、心理师）的专家定期开设工作坊，帮助学生减压，培养乐观心态，增强自我效能；另一方面，高校的心理咨询中心除了进行危机干预，障碍心理辅导之外，应有意识地开展发展性的心理辅导。开发学生的自我意识，人际交往与沟通，情绪调适，合作意识等，培养积极的个性心理质量，提升作为社会人的适应能力。

三、加强师范生对学习的行为投入，特别要重视对学习的情感投入

（一）师范生自身应多参与学习活动，提高对学习的行为投入

从研究结果来看，学生行为投入上的情况并不理想。信息化时代给人类带来了极大的便利，几乎每个大学生都有手机，也离不开网络。同时，大学生自由支配的时间变多，主动选择的权利变大，但是，学生上网活动的内容大多与课业无关，娱乐和购物占大多数。加上一些学生参与校外兼职打工等活动，真正从事学习的时间变少。学生自身要意识到学习的重要性，在上好课的基础上，积极在课外参与教育见习、实习及讲座活动，为参与未来教师职业竞争而奠定基础，而非"捡了芝麻丢了西瓜"，浑浑噩噩度过大学四年的时间。

（二）教师要重视对学习中情感投入的重要性，加强师生的交流互动，提升学生学习兴趣

第一，从研究结果来看，情感投入对师范生学习收获有着重要的预测作用，教师应在教学中重视情感投入。现在已经很难用枯燥的课堂、不变的 PPT 教学、灌输式的教学方式，来让学生提高学习收获了。教师要重视学生情感投入的作用，需要改变教学方式，采用多样化教学，增加学生的参与性和自主性，引起学生兴趣；同时，教师应通过积极的交流与互动，与学生建立信任关系，真正了解自己的教育对象，尊重学生，用不同的沟

通渠道与学生进行互动，形成良好的师生关系，有助于增强学生对学习的情感投入。

第二，改变文管类学生课程的评量方式，少用考知识点的方式来考核学生，可结合学生的成长实际和社会热点，设置引发学生思考的问题进行考核，提升文科生的认知能力。

第三，学生整体的行为投入偏低的结果，需要引起重视。教师要改变教学方式，提高学生在课堂上的参与，真正让学生在课堂上有获得感。同时，鼓励学生参与老师的课题项目，培养学生的学科兴趣。

（三）学校要提供丰富的学习资源，创造良好的学习环境和氛围，提升学生在校学习体验

学校一方面要加强对教师教学的管理，将教学与科研摆到同等重要的位置上，对教师教学进行科学的评量和监控。另一方面要改善教学资源分配，加大学生学习条件的投入，对教学条件不足的实验室、活动室、图书馆资源等，通过沟通社会资源、创新资源模式等方式，真正以学生为中心进行条件配置。此外，学校要明确办学定位，创新人才培养模式，让学生有更多就业的机会，从而激发学生的学习投入程度。

第三节 研究局限

首先，样本的代表性相对有限。在研究对象上，本研究主要在广东省内 6 所普通本科师范院校（岭南师范学院、广东第二师范学院、广东技术师范学院、韶关学院、肇庆学院、韩山师范学院）的非公费师范生中进行抽样，样本高校区域分布不均，代表性在一定程度上有所欠缺。在样本数量上，作者采用线下问卷发放的方式，样本选取有限，仅发放 1500 份，回收有效问卷 1136 份，样本容量较少。因此，研究结果是否具有普适性，能否推及全国师范生的成就目标、心理资本和学习投入水平现状有待验证。在样本的分布上，因研究对象是师范生，师范院校的男女生比例失衡，在

取样上没有保证被试性别在数量上的均衡，女生数量远远高于男生，对数据分析造成影响。

其次，在研究方法的选用上具有一定的局限性。本研究主要以问卷法为主，对师范生成就目标、心理资本、学习投入、学习收获的测量采用自编调查问卷，具有较强的主观性，由学生自评的研究数据可能会受到主观因素的影响。师范生采用精熟目标水平高、心理资本程度相对较好、学习投入情形较高、学习收获水平中等偏上等调查结论，可能由于填写过程期望得到社会赞许而对真实情况有所保留，从而对研究结果产生影响。

最后，研究内容的不足。师范生作为动态的人，基于成就动机选择学业目标，通过认知、情感和行为的投入来影响学习实践，从而影响学习收获。在这个过程中，学习收获是受多重因素影响、复杂作用共同作用实现的，而本研究选取了成就目标、心理资本和学习投入等个体因素进行机制研究，收集相关的横断面数据进行验证，相对来说具有片面性。

第四节　研　究　展　望

首先，提高研究样本的科学性和代表性。从研究对象来说，扩大研究样本容量。在未来的研究中，期望能够从学校层次、区域、群体（公费和非公费）来扩大样本范围。从抽样方法上，尽量采用随机抽样的方法，提高样本的代表性。从问卷发放方式上，未来可利用云平台、大数据等互联网手段，进行科学的问卷发放及筛选，以此提升样本的代表性，提升研究结果的科学性、严谨性。

其次，采用多种研究方法切入，提高方法的科学性。除了使用横断面的调查法之外，综合使用追踪调查的方式，揭示师范生从大一入校到毕业的整个职前培养阶段的学习收获变化特点，从而对研究结果提供具有针对性的实践方案。另外，采用混合研究方法，通过典型个案选取及分析的方式，提高研究的价值。

　　最后，师范生的学习收获除了受本研究选取的成就目标、心理资本和学习投入的影响外，可能还受到其他变量的影响，如专业认同、职业价值观、主动性人格等，未来可对这些变量进行探讨和研究。

参 考 文 献

中文参考文献

[1] 蔡文伯, 王玲. 大学生学习投入与专业承诺、学习策略的相关研究 [J]. 广西师范大学学报 (哲学社会科学版), 2017, 53 (1): 103-109.

[2] 曹静, 朱明. 五年制高职生成就目标与学业成绩的调查研究 [J]. 新疆职业教育研究, 2011, 2 (4): 69-73.

[3] 柴婧蕊. 大学生成就目标定向、职业决策自我效能与职业成熟度的关系 [D]. 沈阳: 沈阳师范大学, 2011.

[4] 陈旭. 大学生心理资本提升策略研究 [D]. 大连: 大连理工大学, 2013.

[5] 陈仲才. 越南大学生学习投入及其关联因素之研究 [D]. 台湾南投: 暨南国际大学, 2015.

[6] 陈芳. 大学生学习投入、人际关系满意感及关系研究 [J]. 集美大学学报 (教育科学版), 2015, 16 (3): 20-25.

[7] 底特利希·本纳, 彭正梅. 超越知识取向的投入控制和能力取向的产出控制: 论经验、学习和教学之间的关系 [J]. 教育学报, 2009, 5 (1): 33-48.

[8] 杜晓静, 李慧娟, 王智红, 沈占波. 心理资本视角下 "90 后" 大学生就业问题实证研究 [J]. 高教探索, 2014 (3): 159-166.

[9] 丁奕. 大学生心理资本对学习投入的影响——基于专业承诺的中介机

制研究［J］. 教育与教学研究, 2015, 29（3）: 48-52.

［10］ 范英. 大学生成就目标与学习责任心关系研究［D］. 临汾: 山西师范大学, 2013.

［11］ 方攀. 大学生积极心理资本、学业倦怠与学业成就的关系［D］. 南昌: 江西师范大学, 2015.

［12］ 方可, 梁丽, 罗贤. 大学生心理资本状况调查与统计分析［J］. 高教探索, 2016（10）: 123-128.

［13］ 方来坛, 时勘, 张风华. 中文版学习投入量表的信效度研究［J］. 中国临床心理学杂志, 2008, 16（6）: 618-620.

［14］ 付攀. 普通本科高校大学生专业学习投入的影响因素研究［D］. 南昌: 南昌大学, 2017.

［15］ 顾明远. 教育大辞典［M］. 上海: 上海教育出版社, 1991.

［16］ 高丙成. 大学生学习投入的类型及其与学习心理状况的关系［J］. 大学（学术版）, 2013（8）: 61-68+60.

［17］ 海迪·罗斯, 罗燕, 岑逾豪. 清华大学和美国大学在学习过程指标上的比较: 一种高等教育质量观［J］. 清华大学教育研究, 2008（2）: 36-42.

［18］ 韩旸. 大学生心理资本、应对方式与职业决策困难的关系研究［D］. 哈尔滨: 哈尔滨师范大学, 2012.

［19］ 韩晓玲. 基于 NSSE-CHINA 的大学生学习投入影响因素分析［D］. 南京: 南京邮电大学, 2014.

［20］ 黄丽婷. 大学生人格、成就目标与学业成就关系研究［D］. 南宁: 广西师范大学, 2013.

［21］ 黄郁婷. 父母教养方式、国中生心理资本对学习投入影响历程之探讨［D］. 台北: 台湾政治大学, 2012.

［22］ 黄慧. 大学生心理资本与心理健康的相关性研究［D］. 南宁: 广西师范大学, 2012.

［23］ 黄海雁, 许国成, 付莹. 大学生成就目标定向与学习投入的关系:

时间管理倾向的中介作用 [J]. 心理学探新, 2017, 37 (4): 375-379.

[24] 蒋京川. 成就目标定向与班级动机氛围、学习策略、学业成绩的关系研究 [D]. 武汉: 华中师范大学, 2004.

[25] 贾晨选. 大学生学习困扰及学习投入的现状及关系研究 [D]. 天津: 天津师范大学, 2015.

[26] 教育部. 国家中长期教育改革和发展规划纲要 (2010—2020 年) [EB/OL]. (2010-07-29) [2017-07-15]. https://www.gov.cn/jrzg/2010-07/29/content_1667143.htm.

[27] 罗燕, 海蒂·罗斯, 岑逾豪. 国际比较视野中的高等教育测量—NSSE-China 工具的开发: 文化适应与信度、效度报告 [J]. 复旦教育论坛, 2009, 7 (5): 12-18.

[28] 林淑惠, 黄韫臻. "大学生学习投入量表"之发展 [J]. 测验学刊, 2012. 59 (3): 373-396.

[29] 吕兆华. 大学生心理资本与就业力的相关性研究 [D]. 南宁: 广西师范大学, 2012.

[30] 李永占. 大学生成就目标定向与学习投入的关系: 专业承诺的中介作用 [J]. 平顶山学院学报, 2015, 30 (3): 121-125.

[31] 李秋娟. 小学学童数学课室目标结构、家庭教养方式与学习投入及学业成就的关系研究 [D]. 台中: 东海大学, 2011.

[32] 李茹锦. 不同成就目标定向大学生的时间管理倾向及其与学业成绩的关系 [D]. 济南: 山东师范大学, 2008.

[33] 李宪印, 杨娜, 刘钟毓. 大学生学业成就的构成因素及其实证研究——以地方普通高等学校为例 [J]. 教育研究, 2016, 37 (10): 78-86.

[34] 李林英, 肖雯. 大学生心理资本的调查研究 [J]. 北京理工大学学报 (社会科学版), 2011, 13 (1): 148-152.

[35] 刘惠军, 郭德俊. 考前焦虑、成就目标和考试成绩关系的研究 [J].

心理发展与教育，2003（2）：64-68.

［36］刘少锋．大学生积极心理资本对安全感的影响及其教育对策研究［D］．南宁：广西师范大学，2015.

［37］刘选会，钟定国，行金玲．大学生专业满意度、学习投入度与学习效果的关系研究［J］．高教探索，2017（2）：58-63.

［38］刘秀娟．不同家庭背景大学生学习投入差异分析［D］．福州：福建师范大学，2016.

［39］刘湘玲．高职生积极心理资本与学习投入的关系［J］．中国健康心理学杂志，2016，24（8）：1181-1185.

［40］刘蕾．重庆市大学城本科学生学情研究［D］．重庆：重庆师范大学，2014.

［41］廖友国．大学生学习价值观、学习自我效能感和学习投入的现状及其关系研究［D］．福州：福建师范大学，2012.

［42］廖友国．大学生自我效能感对学习价值观与学习投入关系的调节作用［J］．宁波大学学报（教育科学版），2011，33（5）：50-54.

［43］廖友国，陈敏．大学生专业承诺、学习投入与学业成就关系的研究［J］．西南交通大学学报（社会科学版），2014，15（4）：73-77.

［44］卢忠耀，陈建文．大学生批判性思维倾向与学习投入：成就目标定向、学业自我效能的中介作用［J］．高等教育研究，2017，38（7）：69-77.

［45］陆先鹏．国外成就目标理论的新进展及其对教育的启示［J］．唐山师范学院学报，2009，31（4）：131-134.

［46］梁永锋，刘少锋，何昭红．大学生积极心理资本与生活满意度的相关性［J］．中国健康心理学杂志，2016，24（3）：410-413.

［47］赖振．大学生学业拖延与心理资本、父母教养方式的关系研究［D］．芜湖：皖南医学院，2015.

［48］孟浩天，孙玫贞．大学生心理资本的定量研究［J］．牡丹江师范学院学报（哲学社会科学版），2015（5）：125-126.

[49] 彭杰，李向阳．大学生幸福感与心理资本及其关系研究［J］．内蒙古师范大学学报（教育科学版），2014，27（10）：109-110.

[50] 彭淑玲，程炳林．四维度课室目标结构、个人目标导向与课业求助行为的关系［J］.教育科学研究期刊［J］.2005，502（2）：69-95.

[51] 全莉娟，徐圆圆，姚本先．大学生成就目标定向差异研究［J］．中国学校卫生，2009，30（1）：88-89.

[52] 秦红霞，张杰，覃冬雪．应用型本科院校大学生心理资本的调查分析［J］．黄山学院学报，2013，15（2）：93-96.

[53] 任莹．大学生心理资本、学习动机与学业倦怠之间的关系研究［D］.长沙：湖南师范大学，2016.

[54] 宋洪峰，茅天玮．心理资本量表在大学生群体中的修订与信效度检验［J］．统计与决策，2012（21）：106-109.

[55] 史秋衡，邢菊红．国家大学生学习质量2013年度报告［J］.中国高等教育评论，2014，5（0）：39-63.

[56] 单学志．大学生MBTI人格类型与心理资本关系研究［D］.南京：南京师范大学，2012.

[57] 舒子吁．大学生学习投入问卷的编制及其应用［D］.南昌：江西师范大学，2010.

[58] 苏兴，包永堂，段友祥．大学生心理资本、心理健康与学业成就关系研究［J］．南阳理工学院学报，2013，5（2）：79-83，91.

[59] 吴舒静．台湾大专校院学生学习投入对学习发展影响之研究［D］.台湾南投：暨南国际大学，2014.

[60] 吴双双．领悟社会支持、心理资本与大学生学业成就的关系［D］.济南：山东师范大学，2013.

[61] 吴明隆．问卷统计分析实务——SPSS操作与应用［M］.重庆：重庆大学出版社，2018.

[62] 王芳．不同类型高校大学生的学习收获研究［D］.厦门：厦门大学，2014.

[63] 王学坚 . 大学生成就目标定向、学业自我效能感与学习投入关系研究 [D]. 哈尔滨：哈尔滨师范大学，2012.

[64] 王雁飞，李云健，黄悦新 . 大学生心理资本、成就目标定向与学业成就关系研究 [J]. 高教探索，2011（6）：128-136，148.

[65] 王艳翠 . 中学生成就目标定向、班级环境与学习投入关系及教育对策的研究 [D]. 天津：天津师范大学，2015.

[66] 王延伟 . 大学生成就目标、学业自我效能感与考试焦虑的关系研究 [D]. 哈尔滨：哈尔滨工程大学，2014.

[67] 王茜 . 大学生心理资本与学生发展的相关性研究——基于对南京六所高校的调查 [D]. 南京：南京大学，2015.

[68] 王剑 . 大学生学习投入状况的实证研究 [J]. 山东农业工程学院学报，2016，33（3）：189-192.

[69] 王鹏军 . 父母教养方式、心理资本与大学生学业成就的关系 [D]. 济南：山东师范大学，2012.

[70] 王阳 . 免费师范生教师职业认同的特点及其与学业成就和学习投入的关系 [J]. 黑龙江高教研究，2015（11）：96-100.

[71] 王文博 . 大学生积极情绪与学业成就的关系：学业投入的中介作用 [D]. 西安：陕西师范大学，2015.

[72] 王小凡 . 学习风格、成就目标定向对 E-learning 培训中交互行为及学习成绩的影响 [D]. 天津：天津师范大学，2014.

[73] 王柏钧，季力康 . 成就目标理论的新观点：3×2 成就目标之探讨 [J]. 中华体育季刊，2016，30（3）：203-210.

[74] 王聪 . 陕北地方本科院校学生学习投入的现状与改进策略研究 [D]. 延安：延安大学，2020.

[75] 韦芳玉 . 大学生学习投入现状调查及干预研究——基于弗兰克尔意义疗法 [D]. 金华：浙江师范大学，2015.

[76] 文超，张卫，李董平，等 . 初中生感恩与学业成就的关系：学习投入的中介作用 [J]. 心理发展与教育，2010，26（6）：598-605.

[77] 谢睿．大学生专业课学习投入及其对学习结果的影响研究［D］．兰州：西北师范大学，2015.

[78] 薛人华．学业谦虚、学习投入与学业成就的关系［D］．台北：台北教育大学，2009.

[79] 徐辰．大学生社会支持、心理资本与职业决策困难的关系研究［D］．哈尔滨：哈尔滨工程大学，2013.

[80] 徐涛，毛志雄．大学新生的心理资本与拖延行为的关系［J］．西北师大学报（社会科学版），2016，53（4）：110-116.

[81] 肖进，袁斐，林彭望真．经济管理类大学生心理资本与学业发展调查分析［J］．中国林业教育，2014，32（2）：1-4.

[82] 肖雯，李林英．大学生心理资本问卷的初步编制［J］．中国临床心理学杂志，2010，18（6）：691-694.

[83] 许长勇．大学生专业承诺对学习投入和学习收获影响机制的研究［D］．天津：河北工业大学，2014.

[84] 许海元．大学生心理资本发展现状的评估与分析［J］．中国高教研究，2015（7）：79-83.

[85] 许俊卿，谭英耀，侯雪莹．大学生学习投入研究及其提升策略［J］．高教探索，2014（6）：132-136.

[86] 杨院．以学习投入为中介：学生学习信念影响学习收获的机制研究——以"985高校"本科生为例的分析［J］．高教探索，2016（3）：75-78.

[87] 杨金玲．中国研究型大学本科生学习投入度研究——以七所"985工程"高校为例［D］．广州：华南理工大学，2015.

[88] 余民宁，陈柏霖，汤雅芬．大学生心理资本量表编制及其相关因素之研究［J］．教育研究与发展期刊，2012，8（4）：19-54.

[89] 姚滢滢．大学生孤独感、心理资本及应对方式的关系研究［D］．吉林：吉林大学，2014.

[90] 严卫华．大学生积极情绪对学习投入与学习自我效能感的影响研究

［D］. 上海：上海师范大学，2016.

［91］ 朱丽雅. 大学生成就动机、成就目标定向、学业自我效能对成绩的
影响模式探析［D］. 吉林：吉林大学，2012.

［92］ 朱海腾，姚小雪. 军校大学生学业压力、学业自我效能感与学习投
入：交互效应与中介效应［J］. 心理技术与应用，2015（8）：35-41.

［93］ 朱晓艳. 大学生成就目标定向、英语焦虑与英语成绩的关系研究
［J］. 五邑大学学报（社会科学版），2014，16（2）：89-92，95.

［94］ 张海静. 大学生心理资本与学习倦怠的关系研究［D］. 北京：北京
工业大学，2014.

［95］ 张阔，付立菲，王敬欣. 心理资本、学习策略与大学生学业成绩的
关系［J］. 心理学探新，2011，31（1）：47-53.

［96］ 张阔，张赛，董颖红. 积极心理资本：测量及其与心理健康的关系
［J］. 心理与行为研究，2010，8（1）：58-64.

［97］ 张丽娟. 大学生成就目标定向分析及教育对策的研究［J］. 中国特
殊教育，2007（3）：92-96，77.

［98］ 张凡迪."90后"大学生积极心理资本现状［J］. 沈阳大学学报
（社会科学版），2015，17（1）：106-109.

［99］ 周炎根. 大学生自主学习、成就目标定向与学业成就关系的研究
［D］. 芜湖：安徽师范大学，2008.

［100］ 周方. 大学生未来时间洞察力、成就目标定向与学习投入的关系
［D］. 成都：四川师范大学，2016.

［101］ 周利霞. 大学生心理资本问卷编制及其相关因素研究［D］. 上海：
上海师范大学，2013.

［102］ 曾晓娟，阎晓军，刘春. 我国心理资本研究热点的可视化分析
［J］. 科学与管理，2016，36（3）：10-16.

［103］ 赵德慧，王璐曦，沈彤. 大学生心理资本对学习绩效影响实证探究
［J］. 现代商贸工业，2014，26（6）：97-98.

［104］ 赵涵. 大学生心理资本现状及干预研究［D］. 长春：东北师范大

学，2014.

[105] 赵琳，史静寰，王鹏，等．高等教育质量的院校类型及区域差异分析——兼论我国高等教育资源配置格局与质量格局 [J]．清华大学教育研究，2012，33（5）：1-12.

[106] 杨芷英，韩小娟．北京地区师范生心理资本水平及差异实证研究 [J]．中国青年社会科学，2017，36（6）：53-58.

[107] 潘炳超，李琪，陈慧，等．地方院校师范生课程学习投入的影响因素 [J]．陕西学前师范学院学报，2018，34（3）：74-78.

[108] 陈红．地方院校师范生求学动机对学习投入的影响研究 [D]．福州：福建师范大学，2021.

[109] 杨晓超．高师学生成就目标定向与学业成就的关系 [D]．太原：山西师范大学，2019.

[110] 陈小普，杨颖．高校师范生成就目标、专业承诺与时间管理倾向之间的关系研究 [J]．职业与健康，2020，36（13）：1826-1830，1836.

[111] 任永灿，郭元凯．教育实践满意度对师范生职业认同感的影响——心理资本和心理契约的链式中介模型 [J]．教师教育研究，2022，34（1）：86-93.

[112] 李春花．师范生心理资本状况调查研究——以湖北省 J 学院为例 [J]．荆楚理工学院学报，2019，34（4）：90-96.

[113] 袁琳，郑家福，侯永青．师范生职业使命感对学习投入的影响：职业认同的中介作用和心理资本的调节作用 [J]．西南大学学报（社会科学版），2022，48（6）：218-227.

[114] 刘莹莹．师范生专业认同对学业成就的影响研究 [D]．石河子：石河子大学，2023.

[115] 时珍珍．小学教育专业师范生的专业认同对学习投入的影响 [D]．天津：天津大学，2022.

[116] 王碧恒，斯建钢．学前教育专业大学生专业承诺、成就目标与学业

投入的关系研究［J］. 教育现代化, 2019, 6 (74)：225-227.

［117］ 吴迪. 职业价值观、心理资本对师范生教师职业成熟度的影响研究
［D］. 徐州：江苏师范大学, 2017.

英文参考文献

［1］ Ames C. Classrooms：Goals, structures, and student motivation ［J］. Journal of Educational Psychology, 1992, 84 (3)：261.

［2］ Anderson J C, Gerbing D W. Structural equation modeling in practice：A review and recommended two-step approach ［J］. Psychological Bulletin, 1988, 103 (3)：411.

［3］ Attenweiler W J, Moore D W. Goal orientations：Two, three, or more factors? ［J］. Educational and Psychological Measurement, 2006, 66 (2)：342-352.

［4］ Avey J B, Luthans F, Youssef C M. The additive value of positive psychological capital in predicting work attitudes and behaviors ［J］. Journal of Management, 2010, 36 (2)：430-452.

［5］ Avey J B, Patera J L, West B J. The implications of positive psychological capital on employee absenteeism ［J］. Journal of Leadership & Organizational Studies, 2006, 13 (2)：42-60.

［6］ Avolio B J, Gardner W L, Walumbwa F O, et al. Unlocking the mask：A look at the process by which authentic leaders impact follower attitudes and behaviors ［J］. The Leadership Quarterly, 2004, 15 (6)：801-823.

［7］ Bandura A, Wessels S. Self-efficacy ［M］. Cambridge：Cambridge University Press, 1997.

［8］ Baron R M, Kenny D A. The moderator-mediator variable distinction in social psychological research：Conceptual, strategic, and statistical considerations ［J］. Journal of Personality and Social Psychology, 1986, 51 (6)：1173.

[9] Bok D. Our underachieving colleges: A candid look at how much students learn and why they should be learning more-New edition [M]. Princeton: Princeton University Press, 2008.

[10] Bryne B M. Structural equation modeling with EQS and EQS/Windows [J]. Thousand Oaks, California: Sage Publications, 1994.

[11] Cole K. Wellbeing, psychological capital, and unemployment: An integrated theory [C] //Joint Annual Conference of the International Association for Research in Economic Psychology and the Society for the Advancement of Behavioural Economics. 2006: 5-8.

[12] Duda J L. The relationship between goal perspectives, persistence and behavioral intensity among male and female recreational sport participants [J]. Leisure Sciences, 1988, 10 (2): 95-106.

[13] Dweck C S. Motivational processes affecting learning [J]. American Psychologist, 1986, 41 (10): 1040.

[14] Elliot A J, Church M A. A hierarchical model of approach and avoidance achievement motivation [J]. Journal of Personality and Social Psychology, 1997, 72 (1): 218.

[15] Elliot A J. Approach and avoidance motivation and achievement goals [J]. Educational Psychologist, 1999, 34 (3): 169-189.

[16] Elliot A J, Harackiewicz J M. Goal setting, achievement orientation, and intrinsic motivation: A mediational analysis [J]. Journal of Personality and Social Psychology, 1994, 66 (5): 968.

[17] Elliot A J, McGregor H A. Test anxiety and the hierarchical model of approach and avoidance achievement motivation [J]. Journal of Personality and Social Psychology, 1999, 76 (4): 628.

[18] Elliot A J, McGregor H A. A 2×2 achievement goal framework [J]. Journal of Personality and Social Psychology, 2001, 80 (3): 501.

[19] Elliot A J, Murayama K, Pekrun R. A 3×2 achievement goal model [J].

Journal of Educational Psychology, 2011, 103 (3): 632.

［20］ Elliott E S, Dweck C S. Goals: an approach to motivation and achievement ［J］. Journal of Personality and Social Psychology, 1988, 54 (1): 5.

［21］ Fornell C, Larcker D F. Structural equation models with unobservable variables and measurement error: Algebra and statistics ［J］. Journal of Marketing Research, 1981, 18 (3): 382-388.

［22］ Fredricks J A, Blumenfeld P C, Paris A H. School engagement: Potential of the concept, state of the evidence ［J］. Review of Educational Research, 2004, 74 (1): 59-109.

［23］ Fredricks J A, Blumenfeld P, Friedel J, et al. School engagement: What do children need to flourish ［J］. The Search Institute Series on Developmentally Attentive Community and Society, 2005, 3: 305-321.

［24］ Furrer C, Skinner E. Sense of relatedness as a factor in children's academic engagement and performance ［J］. Journal of Educational Psychology, 2003, 95 (1): 148.

［25］ Glanville J L, Wildhagen T. The measurement of school engagement: Assessing dimensionality and measurement invariance across race and ethnicity ［J］. Educational and Psychological Measurement, 2007, 67 (6): 1019-1041.

［26］ Goldsmith A H, Veum J R, Darity Jr W. The impact of psychological and human capital on wages ［J］. Economic Inquiry, 1997, 35 (4): 815-829.

［27］ Graham S, Weiner B. Theories and principles of motivation ［J］. Handbook of Educational Psychology, 1996, 4 (1): 63-84.

［28］ Black W C, Babin B J, Anderson R E. Multivariate data analysis: A global perspective ［M］. London: Pearson, 2010.

［29］ Handelsman M M, Briggs W L, Sullivan N, et al. A measure of college student course engagement [J]. The Journal of Educational Research, 2005, 98 (3): 184-192.

[30] Harackiewicz J M, Elliot A J. Achievement goals and intrinsic motivation [J]. Journal of Personality and Social Psychology, 1993, 65 (5): 904.

[31] Harackiewicz J M, Sansone C. Goals and intrinsic motivation: You can get there from here [J]. Advances in Motivation and Achievement, 1991, 7: 21-49.

[32] Hom H L, Duda J L, Miller A. Correlates of goal orientations among young athletes [J]. Pediatric Exercise Science, 1993, 5 (2): 168-176.

[33] Hu L, Bentler P M. Cutoff criteria for fit indexes in covariance structure analysis: Conventional criteria versus new alternatives [J]. Structural Equation Modeling: A Multidisciplinary Journal, 1999, 6 (1): 1-55.

[34] Jensen S M, Luthans F. Relationship between entrepreneurs' psychological capital and their authentic leadership [J]. Journal of Managerial Issues, 2006: 254-273.

[35] Letcher Jr L. Psychological capital and wages: A behavioral economic approach [M]. Manhattan: Kansas State University, 2003.

[36] Levy-Tossman I, Kaplan A, Assor A. Academic goal orientations, multiple goal profiles, and friendship intimacy among early adolescents [J]. Contemporary Educational Psychology, 2007, 32 (2): 231-252.

[37] Linnenbrink E A. The dilemma of performance-approach goals: the use of multiple goal contexts to promote students' motivation and learning [J]. Journal of Educational Psychology, 2005, 97 (2): 197.

[38] Luthans F. The need for and meaning of positive organizational behavior [J]. Journal of Organizational Behavior, 2002, 23 (6): 695-706.

[39] Luthans F, Youssef C M. Human, social, and now positive psychological capital management: Investing in people for competitive advantage [J]. Organizational Dynamics, 2004, 33 (2): 143-160.

[40] Luthans F, Avolio B J, Avey J B, et al. Positive psychological capital: Measurement and relationship with performance and satisfaction [J]. Personnel Psychology, 2007, 60 (3): 541-572.

[41] Luthans F, Avolio B J, Walumbwa F O, et al. The psychological capital of Chinese workers: Exploring the relationship with performance [J]. Management and organization review, 2005, 1 (2): 249-271.

[42] Luthans F, Luthans K W, Luthans B C. Positive psychological capital: Beyond human and social capital [J]. Business Horizons, 2004, 47 (1): 45-50.

[43] Luthans F, Youssef C M, Avolio B J. Psychological capital: Developing the human competitive edge [M]. Oxford: Oxford University Press, 2006.

[44] MacKinnon D P, Lockwood C M, Hoffman J M, et al. A comparison of methods to test mediation and other intervening variable effects [J]. Psychological Methods, 2002, 7 (1): 83.

[45] Meece J L, Holt K. A pattern analysis of students' achievement goals [J]. Journal of Educational Psychology, 1993, 85 (4): 582.

[46] Midgley C, Urdan T. Academic self-handicapping and achievement goals: A further examination [J]. Contemporary Educational Psychology, 2001, 26 (1): 61-75.

[47] Mosenthal P B. Understanding engagement: Historical and political contexts [J]. Engaged reading: Processes, practices, and policy implications, 1999: 1-16.

[48] Nicholls J G. Achievement motivation: conceptions of ability, subjective experience, task choice, and performance [J]. Psychological Review, 1984, 91 (3): 328.

[49] Pajares F. Self-efficacy beliefs in academic settings [J]. Review of Educational Research, 1996, 66 (4): 543-578.

[50] Pascarella E T, Terenzini P T. How college affects students: A third decade of research. Volume 2 [M]. San Francisco: Jossey-Bass, 2005.

[51] Payne S C, Youngcourt S S, Beaubien J M. A meta-analytic examination of the goal orientation nomological net [J]. Journal of Applied Psychology, 2007, 92 (1): 128.

[52] Peterson C. The future of optimism [J]. American Psychologist, 2000, 55 (1): 44.

[53] Peterson S J, Luthans F, Avolio B J, et al. Psychological capital and employee performance: A latent growth modeling approach [J]. Personnel Psychology, 2011, 64 (2): 427-450.

[54] Phillips J M, Gully S M. Role of goal orientation, ability, need for achievement, and locus of control in the self-efficacy and goal-setting process [J]. Journal of Applied Psychology, 1997, 82 (5): 792.

[55] Pintrich P R. An achievement goal theory perspective on issues in motivation terminology, theory, and research [J]. Contemporary Educational Psychology, 2000, 25 (1): 92-104.

[56] Pintrich P R, De Groot E V. Motivational and self-regulated learning components of classroom academic performance [J]. Journal of Educational Psychology, 1990, 82 (1): 33.

[57] Reeve J, Tseng C M. Agency as a fourth aspect of students' engagement during learning activities [J]. Contemporary Educational Psychology, 2011, 36 (4): 257-267.

[58] Richardson G E. The metatheory of resilience and resiliency [J]. Journal of clinical Psychology, 2002, 58 (3): 307-321.

[59] Ryan A M, Pintrich P R. "Should I ask for help?" The role of motivation and attitudes in adolescents' help seeking in math class [J]. Journal of Educational Psychology, 1997, 89 (2): 329.

[60] Schaufeli W B, Salanova M, González-Romá V, et al. The measurement

of engagement and burnout: A two sample confirmatory factor analytic approach [J]. Journal of Happiness Studies, 2002, 3: 71-92.

[61] Schraw G, Horn C, Thorndike-Christ T, et al. Academic goal orientations and student classroom achievement [J]. Contemporary Educational Psychology, 1995, 20 (3): 359-368.

[62] Shrout P E, Bolger N. Mediation in experimental and nonexperimental studies: New procedures and recommendations [J]. Psychological Methods, 2002, 7 (4): 422.

[63] Snyder C R. Conceptualizing, measuring, and nurturing hope [J]. Journal of Counseling & Development, 1995, 73 (3): 355-360.

[64] Sobel M E. Asymptotic confidence intervals for indirect effects in structural equation models [J]. Sociological Methodology, 1982, 13: 290-312.

[65] Sun J C Y, Rueda R. Situational interest, computer self-efficacy and self-regulation: Their impact on student engagement in distance education [J]. British Journal of Educational Technology, 2012, 43 (2): 191-204.

[66] Urdan T C, Maehr M L. Beyond a two-goal theory of motivation and achievement: A case for social goals [J]. Review of Educational Research, 1995, 65 (3): 213-243.

[67] VandeWalle D. Development and validation of a work domain goal orientation instrument [J]. Educational and Psychological Measurement, 1997, 57 (6): 995-1015.

[68] Kuh G D, Hu S. Learning productivity at research universities [J]. The Journal of Higher Education, 2001, 72 (1): 1-28.